BVT

In einer Reihe von Einsprüchen und Analysen versucht Ivan Nagel, alte und neueste Formen des Krieges nach dem 11. September 2001 zu begreifen. Werden sich künftig Herrschaft und Terror (Amerikas weltweite Hegemonie und der Widerstand ihrer erbitterten Gegner) ausschließen oder gegenseitig steigern? Ist eine Reihe von Kriegen gegen »die Achse des Bösen« unvermeidlich – oder kann eine Minderung der globalen Ungleichheit auch die Kriegsgefahr vermindern? Das Buch deckt die Lügen auf, mit denen die Kriege seit dem Jahr 2001 zugleich verharmlost und angeheizt wurden. Ivan Nagel untersucht den Zusammenhang zwischen Terror und Ungleichheit; die Jahrtausende lange Geschichte der Selbstmordattentate und die Darstellung (und Verstellung) des Krieges und Bürgerkrieges in der Kunst.

Ivan Nagel wurde 1931 in Budapest geboren. Nach der Verfolgung während der Nazizeit emigrierte er siebzehnjährig aus Ungarn. Er studierte Philosophie, Soziologie und Germanistik in Paris, Heidelberg, Durham, Zürich; ab 1953 Philosophie bei Adorno in Frankfurt/M. Chefdramaturg der Münchner Kammerspiele 1961–69, Intendant des Deutschen Schauspielhauses in Hamburg 1971–79, Begründer und Leiter der internationalen Festspiele »Theater der Welt«. Davor und dazwischen Theater- und Musikkritiker. 1989–96 Professor der Hochschule der Künste in Berlin für »Geschichte und Ästhetik der Darstellenden Künste«. Zu seinen wichtigsten Veröffentlichungen gehören »Autonomie und Gnade – Über Mozarts Opern« (1985) und »Streitschriften« (2001).

Ivan Nagel

DAS FALSCHWÖRTERBUCH

Krieg und Lüge am Jahrhundertbeginn

BERLINER TASCHENBUCH VERLAG

Originalausgabe
März 2004
BvT Berliner Taschenbuch Verlags GmbH, Berlin

Umschlaggestaltung: Nina Rothfos und Patrick Gabler, Hamburg, unter Verwendung einer Fotografie von © picture-alliance/dpa
Gesetzt aus der Stempel Garamond durch psb, Berlin
Druck und Bindung: Clausen & Bosse, Leck
Printed in Germany · ISBN 3-8333-0105-8

For my sister Kitty
and her grandchildren
Heela, Jonathan, Lauren, Liat,
Daniel, Brandel, Nina, Adam, Ayala,
Elana, Mia, Alec, Talia, and Zoe

INHALT

EINLEITUNG

Ein kursiv gesetzter Kommentar (wie dieser) wurde jedem Teil des Buches vorangestellt. Er ergänzt die 2001–2004 entstandenen Texte mit Zitaten, Daten, mit einer Erinnerung an die damalige Stufe und Wendung des Geschehens. Die Texte wurden in der Folge ihrer Entstehung angeordnet; Tag und Ort ihrer Publikation sind vermerkt. Die beiden Reden (Friedenspreis, Ernst-Bloch-Preis) tragen das Datum ihres Vortrags, nicht des – gekürzten – ersten Abdrucks.

Die wenigen Korrekturen für diese Sammlung haben einige Worte verändert, nirgends die Thesen und Argumente. Das Buch hat kein Motto. Beim Schreiben dachte ich oft an Martin Luther Kings Sätze, die er während des Vietnam-Kriegs, am 4. April 1967 in New York sprach: »Die Zeit kommt, in der Schweigen Verrat ist. Wir sind gefordert, für die Schwachen zu sprechen, die keine Stimme haben: für die Opfer unserer Nation, die sie ›Feinde‹ nennt.«

Die Reden, Aufsätze, Briefe dieses Buches wurden ab April 2002 niedergeschrieben, teils auch gedruckt. Entstanden sind sie aber, im Erschrecken, Hinschauen, Nachdenken, seit dem 11. September 2001. Ihr Impuls war, trotz polemischer Dringlichkeit, Trauer. Ein böses Versäumnis der reichen wie der armen Welt ließ es zu, dass 2001 statt 1989 zum Einschnitt der Geschichte wurde – die Katastrophe statt der Hoffnung.

Mit der »Aktualität« dieser Texte ist es seltsam bestellt. Ihre Erwägungen hätte jeder machen und aussprechen können. Zu meiner Überraschung, Verlegenheit, auch Betrübnis wurden sie bei ihrem Erscheinen für »mutige Stellungnahmen« gehalten: als seien Wahrnehmung und Veröffentlichung des Offensichtlichen eine aussterbende höhere Tugend – nicht Gabe und Pflicht des alltäglichen Menschenverstands.

Dieser schiefe Erfolg verlangte nach Erklärung. Dem Teppichbombardement eines fremden Volkes mit Raketen geht jedesmal das Teppichbombardement des eigenen Volkes mit Lügen voraus. Es zerstört Beobachtung, Urteil, Mitteilung in einem furchterregenden Maße. Vorkriegszeiten sind Zeiten der Ausschaltung artspezifischer, lebenserhaltender Fähigkeiten des *homo sapiens*. Darum gilt dann, was normal ist, schon als »mutig«.

Aktualität manches Gedankens heißt hier also nicht, dass er in den vergangenen Monaten verblüffend neu war – nur dass er, leider, in den kommenden Jahren nicht veralten wird. Was vom September 2001 bis Februar 2004 geschah, hat noch lange kein Ende; vermutlich war es der erste

Anfang. Schicksalsergebenheit und Zweckoptimismus sind trotzdem zwei gleich verfehlte Antworten auf die Bedrohung, die auf uns zukommt.

Protest durch Denken und Sagen, auch durch eine öffentliche Bewegung: er allein bleibt die Gegenkraft, die die fortdauernde Aggressionsgefahr aufdecken, vielleicht vermindern kann. Diese Gegenkraft ist kein stolzer Besitz Europas. Sie sollte Europa mit Amerika verbinden: gegen jene Verfälschung der Wirklichkeit, die Demokratie – Lebensform eines urteilsfähigen Volkes – täglich weiter aushöhlt. Darüber hier mehr.

1.

Weihnachten 2001 und Neujahr 2002 verbrachte ich in Brasilien; jeden Tag regnete es mindestens eine Stunde. Im Hotelzimmer stand ein Fernseher, dessen englisches Programm aus *CNN* und *Fox News* bestand. Man war nachrichtensüchtig in jenen Wochen. Bald sah ich nur noch *Fox News*: gewürgt von Ekel und Entsetzen, die ich so nur als Kind vor dem Radio der Hitler-Zeit gespürt hatte; dann nochmals vor den Osteuropasendern in Stalins letzten Jahren. Ich lernte damals: Wer lügt, der mordet. Wir müssen das neu lernen.

Plötzlich, in *Fox'* Einbettung, wurden die täglichen Reden Bushs, Cheneys, Rumsfelds verständlich. Was ihre Worte kaum verhüllten, ihre Physiognomien herzeigten: Die imperiale Anmaßung dieser erfolggestählten Verfügenden über Menschen und Dinge wirkte mit greller Klarheit. Terror und Gegenterror machten sich auf dem Bildschirm auf, über das gerade erst begonnene Jahrhundert zu herrschen. – Nötig erschien mir ein Versuch, die alten und neuesten Formen des Krieges zu begreifen. Er besetzte seither mein Lesen und Schreiben.

Jeder Schritt zur kommenden, bald gekommenen Aggression warf einen auf die Frage zurück, die alle Schriften dieses Buches bestimmt: Wie verbünden sich Krieg und Lüge? Lüge rühmt sich von alters her als Werkzeug der Politik: Europas Bewusstsein wurde um 1600 (bis in Marlowes, Shakespeares Tragödien) von Machiavellis abgrundklugen Ratschlägen erschüttert. Es gibt heute einen dummen Machiavellismus. Snobs und Dandys des Bösen behaupten: Um einen nützlichen Krieg dem eigenen Volk zu verkaufen, empfehle es sich, wirksame Lügen zu erfinden.

Iraks Atom- und Biowaffen, Husseins Al-Qaida-Verbindungen wurden zum Kriegsgrund erklärt. Stellvertretender Verteidigungsminister Wolfowitz berichtet: »Im Kabinett entschieden wir uns für die einzige Sache, auf die sich alle einigen konnten, die Massenvernichtungswaffen.« Das besagt nicht, dass jeder willentlich log. Das besagt nur, dass jeder diesen Kriegsgrund, ob wahr oder erfunden, für brauchbar hielt. Gegen diese Prozedur spricht nicht nur die Qualitätskluft zwischen Wolfowitz und Machiavelli, Bush und Borgia.

Gegen die Scheinpragmatik nützlicher Lügen sprechen heute zwei Bedenken. Erstens: Nordamerika und Westeuropa leben in Verfassungen der Demokratie. Wenn sie so weiterleben wollen, müssen sie die Volksherrschaft vor dem konkurrierenden Herrschaftsstreben ihrer eigenen

Geldmacht und Militärmacht schützen. Zynisch zielbewusste Kabinettspolitik verkommt in Demokratien zu platt mafioser Verschwörung: Kissinger kam sich als Talleyrand vor, Nixon aber scheiterte an Anstiftung zum Einbruch. Solche Kabalen sind heute weltgefährlich.

Zweitens: Die Lügner machen schlechte Politik; denn sie beginnen, an die eigenen Lügen zu glauben. Nicht Unmoral, sondern Unvernunft hat uns die Katastrophe des Irak-Kriegs beschert: den Terror global erregt, statt ihn lokal auszulöschen. Im Zeitalter der Tag und Nacht Fragen ausspuckenden, Antworten verschlingenden Medien verfängt sich Kriegspropaganda in der eigenen Falle. Keiner kann etwas hundertmal beteuern, ohne dass seine Rhetorik sich zur Überzeugung wandelt. Die Strafe für Volksverdummung heißt Selbstverdummung.

2.

Wer George W. Bush sieht und hört, sooft er Gut und Böse auf Amerika und dessen Feinde verteilt, hat für das Unfassliche eine zugleich empörende und befriedigende Erklärung: Diese Phrasen von Gott, Freiheit, Demokratie seien bewusste, heuchelnde Lügen. Aber Text, Ton, Mimik, Gestik wirken gefährlicher: die Rolle, die sie spielen, ist nicht gespielt. Die Figur George W. Bush trennt sich nicht in wissende Person und gemimte Täuschung. Die Person ist nichts als die Rolle: ganz hohl, füllt sie sich mit den eigenen Lügen. Bush scheint dumm genug, um Bush fast alles zu glauben. Nur eine Prise Freude färbt das stumpfgrau Absurde – der Präsident spürt und hat es erlebt: Sich-Glauben macht den Erfolg des Dummen.

Mordfreudige Bravheit, angepasste Raserei: Staunend fragen wir uns, wie dieses Absurde entstand und sich zusammenmischte – zu Bündnissen knetend Gott und Atomrüstung; Heiligkeit des ungeborenen Lebens und Todesstrafe; Protektionismus und entfesselte Märkte; Krieg gegen den Terror und CIA-Komplotte; *freedom mission* und Isolierhaft ohne Rechte und Ende; Demokratie und Weltherrschaft. – Die Frage greift zu kurz: Absurdes erklärt sich weniger daraus, wie es entstand, als daraus, wozu es dient. Die Struktur von Bushs Präsidentschaft braucht das bieder-schamlose Gemisch der Extreme: Sie muss die inneren wie äußeren Grenzen suchen, um sie zu verletzen – denn er ist zu *brinkmanship*, zum Grenzkämpfertum verurteilt.

George W. Bush ist mit der Minderheit der Wählerstimmen Präsident des mächtigsten Staates der Welt geworden – wie es hieß, dank dem föderalen System der Wahlmänner. Doch seither schließen sich die Belege zwingend zusammen: Bush schuldet sein Amt-ohne-Volksmehrheit einer umsichtigen Wahlfälschung in Florida und Texas: der Manipulation nicht erst der Stimmenzählung, sondern bereits der Wählerlisten. Dass er und sein Kabinett das wissen, bestimmt die Reflexe ihrer stur-tollkühnen, konfliktgierigen Amtsführung. Bush ist der Präsident nicht aller Amerikaner, sondern derer, die ihn gewählt haben. Er ist (in der Innen- wie in der Außenpolitik, in den USA und in der Welt) für die, die für ihn sind.

Ermächtigt fühlt er sich dazu, weil er an das Prinzip seiner Moral glaubt: Die für ihn sind, sind die Guten, die nicht für ihn sind, die Bösen. Der Grund-Satz seiner

Kongress-Rede am 20. September 2001 gilt auch gegen das eigene Volk: »Either you are with us, or you are with the terrorists.« Kurz: Nicht Heuchelei heißt die Gefahr aus dem jetzigen Washington für Amerika und den restlichen Globus. Sie heißt: die Lüge, die sich für die Wahrheit hält. Im schon verseuchten Moraljargon der Unpolitik: das Böse, das sich als das Gute weiß. (In der Nacht, in der ich das schrieb, acht Monate nach Kriegsende, fielen wieder Bomben der Befreier auf Bagdad.)

3.
Die beiderseitigen Siege des Guten über das Böse (vom Überfall auf New York bis zur Eroberung Bagdads) haben keine neue Weltordnung gefördert, sondern einen verschärften Weltbürgerkrieg eröffnet. Die Texte in diesem Buch beschreiben die Spaltung der Welt – und wie ihre geplante Einung unter Amerikas Hegemonie sie erst recht spaltet: zum Dauerkampf zwischen zwei und mehr Fundamentalismen. Diese Texte sind einseitig und müssen es sein: weil Europa für Amerika mitverantwortlich bleibt – und weil Amerikas Wahnverhalten auch unsere Geschicke bestimmt. Ich glaube, dass amerikanische Politik der Welt immensen Nutzen bringen könnte; hier wird der Schaden geschildert, den sie jetzt bringt. – Zum Schluss soll dreierlei versucht werden: die weltweite, die amerikanische, die deutsche Situation in diesem Moment zu bedenken.

Bushs Politik spaltet die Welt. Weil der »Krieg gegen den Terror«, den sie erklärt hat, kein Krieg ist, hat er drei Folgen gezeitigt: den Notstand über den Globus, zwei Blitzkriege gegen ferne Staaten, Tausende von Terroranschlägen. Man erwidert darauf: Die USA bringen Demokratie in den Nahen Osten. Gefügige Diktaturen waren den USA oft lieber als Demokratien mit unerwünschter Mehrheit. Freie Wahlen in moslemischen Ländern ergäben radikal islamistische Regierungen. Das Ideologieorgan der US-Mächtigen *Weekly Standard* spricht es aus: Wahlen dürfen nicht zum Kriterium der näheren Zukunft des Iraks hochgejubelt werden. Ein von Besatzungstruppen gestützter Autoritarismus garantiere eher die richtige Entwicklung. Doch auch das böse Gegenteil droht, seit Bush seine Truppen nicht lange im Irak lassen will: Herrschaft einer frommen, intoleranten Mehrheit, die (mangels föderaler Verfassung) gegen Kurden, Sunniten und andere Rebellen ihre Bürgerkriegs-Milizen einsetzt. – Bushs Regierung träumte von Irak, Iran, Syrien als »Bananenrepubliken«. Näher liegt heute, dass sie die USA selbst zur Bananenrepublik macht.

Bushs Politik spaltet das eigene Land. Eine vergleichbare Epidemie der Wut hat Amerika seit den *Civil Wars* 1860 bis 1865 kaum mehr erlebt. Weder besessene Fernseh-Prediger, die das Jüngste Gericht gegen Abtreibungsgesetze anrufen, noch die Journalisten der *Weekly Standard*, die Edward Kennedy als »Anti-Amerikaner« brandmarken, sind am Extremismus schuld: Die Regierung der USA ist extremistisch. Justizminister Ashcrofts neue Gesetze (und seine durch Indiskretion bekannten Gesetzentwürfe) verstümmeln die Verfassung. Der Entwurf eines »Domestic Security Enhancement Act« (Januar 2003) soll den fatalen »Patriot Act« (Oktober 2001) erweitern. Nicht nur suspekte Ausländer würden in Rechtlosigkeit verstoßen. Amerikanische Bürger, die in den bloßen Verdacht der

Erkundung von Daten geraten, welche Terroristen dienen könnten, sollen als Spione behandelt werden. Sie können ausgebürgert werden und damit ihre Rechtsgarantien verlieren – im Normalfall, nicht in einem Science-fiction-Film vom Überfall durch Marsbewohner. Die Löschung des Rechts in Guantánamo ist die Projektion dessen, was das Land USA sich selbst antun soll.

Bushs Politik hilft auch, Deutschland zu spalten. Ihr zuliebe schlug Angela Merkel schon im Januar 2002 ein »Truppenentsendegesetz« zur »Vereinfachung des Verfahrens« vor. Es wird jetzt von der rot-grünen Regierung diskutiert, modifiziert – bald dem Bundestag vorgelegt. Bei »geringfügigen Auslandseinsätzen« der Bundeswehr soll nur der Auswärtige Ausschuss, nicht mehr der Bundestag selbst zustimmen müssen. Darunter fallen (laut Volker Rühes CDU-Fassung) auch »Erkundungs- und Vorbereitungsmissionen, die im Vorfeld eines größeren Engagements notwendig werden«. Beim Bundestag verbliebe, wie im erklärten Kriegsfall: ein »Rückholrecht«. – Haben Kriege nicht seit Jahrtausenden oft mit »geringfügigen Einsätzen« begonnen, die sich als »Vorfeld« von »größeren Engagements« erwiesen? Und: Hat je ein Parlament im Kriegsvorspiel oder mitten im Krieg den Mut gefunden, die von der Regierung an die Front befohlenen Truppen zurückzuholen? – Dieses Gesetzvorhaben ist so gefährlich, wie die Notstandsgesetze es waren. Das Verstecken der Bundeswehr-Einsätze in Ausschüssen lähmt nicht nur den Bundestag. Es verhindert jede öffentlich wirksame Diskussion über Krieg oder Frieden.

In den 205 Zeilen von Ex-Verteidigungsminister Rühes Fazit des Gesetzvorhabens (*Süddeutsche Zeitung*, 19. 12. 2003) kommt das Wort »Krieg« kein einziges Mal vor. Bei ihm wie bei seinem Nachfolger Struck heißt das Gesetz zur Ausschaltung des Parlaments nicht mehr »Truppenentsendegesetz« – sondern »Parlaments*beteiligungs*gesetz«. Man belügt uns, als seien wir schon unterwegs zu lauter »vereinfachten«, zu deutsch: erwünschten Kriegen. Davon handelt dieses Buch – auch wenn es manchmal um zweihundert oder zweitausend Jahre zurückgreift.

EIN UNGERECHTER KRIEG

Brief an Israels Botschafter in Deutschland vom 3. April 2002

Am 27. März 2002 überreichte Kronprinz Abdullah von Saudi-Arabien dem arabischen Gipfeltreffen in Beirut einen Friedensplan, der dem Staat Israel Anerkennung durch alle arabischen Staaten anbot. Die strittigsten Fragen – Teilung Jerusalems, Rückkehr aller Vertriebenen – blieben ungeklärt.
Am 27. März wurde das Abendmahl zur jüdischen Osterfeier (dessen auch das Christentum gedenkt) von einem Selbstmord-Attentäter des Terrorbundes Hamas benutzt, um die Festgäste in einem Hotel zu Netanya in die Luft zu sprengen. 27 Menschen starben.
Am 28. März nahm Israels Ministerpräsident Ariel Scharon das Attentat zum Anlass, die Hauptstadt der Palästinenser Ramallah mit Sturmtruppen und Panzern zu besetzen, dort den Sitz der Autonomiebehörde zu zerstören und ihren Präsidenten Jassir Arafat unter Arrest zu stellen.
Am 29. März erklärte Scharon: »Die Regierung beschloss Leitsätze für breite militärische Maßnahmen gegen den palästinensischen Terror, um ihn in allen Gliedern und Teilen zu zertrümmern.« Verteidigungsminister Ben Eliezer ergänzte: »Die Streitkräfte beginnen umfassende Operationen, die auf die Führung eines Krieges gegen den Terror, eines regelrechten Krieges, abzielen. Dieser Krieg wird weder geografische noch sonstige Grenzen beachten.«

Damit ist Israels neuradikale Politik ganz und gar zur Weltpolitik geworden. Weltpolitik ist sie, weil sie dazu beiträgt, dass immer mehr Anhänger der zweitgrößten Weltreligion Wahnsinnsakte für Heldentaten des Widerstands halten. Weltpolitik ist sie, weil sie von der Weltmacht USA nachgeahmt wird: im Irrglauben, dass man Terror durch Militärgewalt auslöschen kann.

Rom, den 3. April 2002

Sehr geehrter Herr Botschafter Stein,

ich freute mich darauf, Sie auf Ihren Vorschlag hin bald kennenzulernen. Ich muss nun unsere für den 9. April geplante Begegnung in Berlin aus Gründen des politischen Urteils und des persönlichen Gewissens absagen.

Als ich vor einigen Wochen Ihnen zusagte, hatte mich nicht nur die Freundlichkeit Ihrer Einladung dazu bewogen – mehr noch die tiefe Sympathie mit der Existenz des Staates Israel und mit dem Leben seiner Bewohner. Meine Ansicht, dass Israels gegenwärtige Regierung das Leben seiner Bewohner mit einer dummen, fatalen Politik immer mehr gefährdet, sollte uns nicht hindern am Kennenlernen, von dem ich ein Gespräch mit Gegensätzen und Übereinstimmungen erhoffte. Seit sechs Tagen aber führt Israel, laut Erklärung seines Ministerpräsidenten, einen Krieg. Nach meiner Überzeugung ist das nicht nur ein verfehlter, den Lebensinteressen des israelischen Volkes schädlicher Krieg, sondern: ein ungerechter Krieg.

Gewiss: Heute wird in Europa oft vergessen oder verschwiegen, was für Israel spricht. Vergessen wird die Kleinheit, ja Winzigkeit dieses Landes mitten im arabischen Völkermeer, das es morgen oder in zehn oder zwanzig Jahren überfluten kann. Verschwiegen wird die Ausgefallenheit, ja die weltgeschichtliche Einmaligkeit der Forderung: Dieses winzige Land, das 1967 einen Verteidigungskampf gegen die zum Genozid entschlossene Übermacht seiner Feinde gewann, soll nun (gegen die

Erfordernisse seiner Sicherheit) alle so gewonnenen Gebiete zurückgeben; es soll alle von den arabischen Ländern stets abgewiesenen, in Quarantäne gesperrten palästinensischen Flüchtlingsheere wieder aufnehmen. Fernsehen, Rundfunk, Presse in Deutschland melden Terror und Gegenterror. Israels Grund-Bedrängtheit erwähnen sie nicht.

Dennoch bleibt es wahr: Israels heutiger Krieg ist nicht nur ein dummer, sondern auch ein ungerechter Krieg. Es ist ein Krieg, der die Gewalt gegen Unschuldige zu verhindern vorgibt – in Wahrheit aber solche Gewalt selber ausübt und (auf beiden Seiten) endlos vermehren wird.

Ich schreibe Ihnen, Herr Botschafter, als Jude. Der Verfolgung der europäischen Juden durch administrativen und kriegerischen Massenmord, welche die Gründung des Staates Israel notwendig machte, war ich seit der frühen Kindheit ausgesetzt. Nicht trotz, sondern wegen dieser Erfahrung fühle ich mich außerstande, mich in Berlin bei Kaffee und Kuchen mit Ihnen zusammenzusetzen: dem Vertreter eines Staates, der mit allen militärischen Mitteln einen ungerechten Krieg führt.

Hochachtungsvoll
Ivan Nagel

GIBT ES NOCH EIN VÖLKERRECHT?

Literaturen, April 2002
Antwort auf die Frage: »Was lesen Sie?«

Der Entschluss der Vereinigten Staaten, den 11. September 2001 mit einem Krieg gegen Afghanistan zu beantworten, war vielleicht unausweichlich. Die Taliban hatten (nicht durch Lehre, sondern durch Ausbildung zum Verbrechen) massive Schuld auf sich geladen. Zwiespalt kam in die Reaktion vernünftiger Beobachter, weil ihnen von Bushs, Cheneys, Rumsfelds ersten Reden an klar sein musste: Der Angriff auf Afghanistan war keine einzelne Aktion gegen Al-Qaida und das ihr untertane Regime, sondern der erste Krieg in einer Kette von Kriegen gegen »die Achse des Bösen«. – Ein trüber Vorgang im Bundestag zu Berlin färbte auf die Sache selbst ab: auf Deutschlands Eintritt in den Krieg. Bundeskanzler Schröder begnügte sich nicht mit jener Mehrheit, die ihm durch die Zustimmung der Opposition sicher war. Er forderte die »Kanzlermehrheit«: die geschlossene Stimmabgabe aller Abgeordneten, die zur Regierungskoalition aus SPD und Grünen gehörten.
Am 16. November 2001 wurde die »Kanzlermehrheit« mit groben Mitteln erzwungen. Es steht dahin, ob Schröders Solidaritätsversprechen an die USA oder die Bedenken einiger Abgeordneter im Recht waren. Unrecht war aber vom Kanzler, nicht zuzulassen, dass jeder nach seiner eigenen, personalen Überzeugung abstimmte. Das Grundgesetz sagt über die Abgeordneten: »Sie sind Vertreter des ganzen Volkes, an Aufträge und Weisungen nicht gebunden und nur ihrem Gewissen unterworfen.« Gerade die Entscheidung über Krieg und Frieden steht dem Gewissen zu, nicht dem Fraktionszwang. – Die Routinisierung des Krieges, die Schröder wie Merkel der Verfassung offenbar zumuten wollten, ließ fragen: »Wissen wir nicht mehr, was Krieg ist?« Nicht an Amerika, an uns zuerst hat sich die Frage zu richten.

Was ich gerade lese? Seit jenem Tag im September habe ich keinen Roman mehr gelesen, nicht einmal eine kurze Erzählung. Das macht die Welt dunkler. Die Welt ist dunkel. Ein Gedicht aber las ich immer wieder, von Matthias Claudius. Es beginnt so:

's ist Krieg! 's ist Krieg! O Gottes Engel wehre,
Und rede du darein!
's ist leider Krieg – und ich begehre
Nicht schuld daran zu sein!

Wissen wir nicht mehr, was Krieg ist? Nicht Amerikas Feldzug entsetzt mich, sondern der eigene, nächste, dem wir anscheinend fröhlich entgegenstreben. Drei Tage nach der Katastrophe spekulierte schon Verteidigungsminister Scharping über die beiden Ausflüchte, mit denen er den Bundestag umgehen könnte: »Verteidigungsfall« und »Gefahr im Verzug« (jederzeit brauchbar, wenn man den Gegner »terroristische Bedrohung« nennt). Kanzler Schröder legte Salbung über sein Nussknackergrinsen, um die »uneingeschränkte Solidarität« zu schwören, deren wahrer Name Krieg ist. Gegner und Dauer werden unsere Freunde uns rechtzeitig mitteilen. Gemeint ist eine Reihe nicht erklärter Kriege: wie die Sowjetunion sie von Ungarn bis Afghanistan, die USA von Vietnam bis Grenada zu führen pflegten. Lügen und Uns-selbst-Belügen treiben wir seit sieben Monaten weiter. Angela Merkel hat sich soeben ein »Bundestruppenentsendegesetz« gewünscht, das die Beschlüsse des Bundestages (wohl: zur Teilnahme an künftigen Angriffskriegen in fernen Ländern) »vereinfachen« soll.

Gibt es noch ein Völkerrecht? In meiner Bibliothek griff ich nach dem Grotius, »De iure belli ac pacis«, nach dem Vattel, »Le droit des gens« – um zu erinnern, welcher humane Versuch von vierhundert Jahren liquidiert wird durch unseren »Krieg des Guten gegen das Böse«: in dem Teppich- und Streubomben als Verbrechensbekämpfung, Gefangene folglich nicht mehr als Kriegsgefangene gelten. Dann kaufte ich fünf-sechs Bücher, darunter zwei, die mir wichtig wurden: Martin van Crevelds »Die Zukunft des Krieges« und Noam Chomskys »War against People« (Originaltitel: »Rogue States. The Rule of Force in World Affairs«). Mit leuchtender Intelligenz im finsteren Stoff zeigte van Creveld schon 1991, was viele – auch ich – erst heute sehen lernen: Gegen Partisanen, Rebellen, Terroristen versagt seit Mitte des 20. Jahrhunderts die immer perfektere, teurere Waffentechnik der Hegemonialmächte. An den Mordversuchen der USA gegen Castro und Ghaddafi las der Historiker in Jerusalem ab, was wir jetzt als »Jagen«, »Ausräuchern« täglich aus Palästina, aus Afghanistan erfahren: »Jeder, der eine Zeit lang gegen Terroristen kämpft, wird aller Wahrscheinlichkeit nach selbst zum Terroristen.«

Zwei Zeitschriften-Aufsätze brachten mich weiter: Jean Baudrillards »Der Geist des Terrorismus« (*Lettres*, IV/2001) und Herfried Münklers »Asymmetrische Gewalt« (*Merkur*, 1/2002). Baudrillard reißt die entsetzlichste aller Asymmetrien auf: »Selbstmordmut« gegen »Krieg mit null Toten«. Münkler räumt unzulängliche Terminologien aus (etwa die von der »Privatisierung der Kriege«). – Klarer noch als »Asymmetrie« träfe allerdings das Wort: Ungleichheit. Terror ist die Waffe des Ungleichen; und

Ungleichheit wächst von Tag zu Tag. Der übliche, rationale Rat an die USA heißt, »Terror nicht nur(!) mit Waffen zu bekämpfen«, sondern die extreme Ungleichheit in Wirtschaft, Bildung usw. abtragen zu helfen. Das scheint liebenswert naiv in dem Moment, da die USA ihre Sicherheit in einem großartig-wahnwitzigen Rüstungsprogramm suchen, das nicht nur die politische, sondern auch die ökonomische und technische Ungleichheit (zwischen dem uneinholbar Gewaltigen und den verzweifelt Schwachen) voraussetzt und steigert.

Ein dritter Aufsatz hilft zu verstehen: Peter Benders »Das Amerikanische und das Römische Imperium« – ein Jahr vor dem 11. September erschienen (*Merkur*, Sonderheft 9–10/2000, »Europa oder Amerika?«). Ich zähle ihn zu den großen politischen Essays deutscher Sprache. Er stellt künftigen Jahrzehnten die Frage, was es heißen wird, unter der Hegemonie *einer* Macht zu leben. – Aus Tageszeitungen beziehe ich meine tägliche, giftige Nahrung: die sich stur wiederholende Nachricht aus Israel und Palästina, dass die Sicherheit der einen sich nicht auf die Verzweiflung der anderen bauen lässt.

Zum Schluss die überflüssigste Lektüre. Es sind die Bannflüche Peter Schneiders, Michael Rutschkys, Daniel Cohn-Bendits in diversen Magazinen und Zeitschriften gegen »Antiamerikanismus«. Wer 1968–71 dumm genug war, mit der Mauer vor der Nase besessener »Antiamerikaner« zu sein, der mag dafür heute als besessener »Proamerikaner« büßen. Private Jugendtraumata sollte man eher zum Seelenarzt tragen als in die öffentliche Debatte.

ÜBER PAZIFISMUS –
BRIEF AN JAN PHILIPP REEMTSMA

Vom 4. Februar 2003

Im September 2002 gab es Wahlen für den Bundestag (und damit für die künftige Regierung). Der amtierende Bundeskanzler Gerhard Schröder gewann, laut allen Analytikern, seine dünne Mehrheit durch das kräftige Versprechen, Deutschland aus einem Irak-Krieg herauszuhalten. Der Wiedergewählte erneuerte sein Versprechen Anfang Januar 2003. Damals zeichnete sich von Woche zu Woche deutlicher ab, dass Amerikas Regierung den Krieg schon beschlossen hatte. Von Woche zu Woche, schließlich von Tag zu Tag wuchs auch der Druck der Vereinigten Staaten auf den Sicherheitsrat: vor allem auf ihre nahen Verbündeten darin, zu denen Deutschland gehörte.

Während der amerikanische Aufmarsch um den Irak sich vollendete, wiederholten in Berlin die Parteichefin der CDU und einige ehrgeizige Hinterbänkler mit absurdem Eifer die absurde Behauptung: Schröders Unsolidarität schwäche die »Drohkulisse« Washingtons, steigere also die Kriegsgefahr. Es war kaum zu erraten, welcher Quelle Angela Merkels Rhetorik entsprang: ihrer Unwissenheit in der Außenpolitik; ihrem DDR-Reflex, sich bei der Schutzmacht anzubiedern; ihrem innenpolitischen Trieb, Volk und Medien zum Schaden der Regierung irrezuführen. Klar war Anfang Februar auch dem schlichten Verstand, dass der Krieg kommt. Unklar blieb, ob der Sicherheitsrat dem Druck nachgeben oder trotzen wird.

Der kluge, integre Jan Philipp Reemtsma wusste natürlich, dass der Krieg bevorstand. Er plädierte für diesen Krieg: Er hielt den (qualifizierten) Vergleich Saddams mit Hitler für zulässig. Ihm galt es, einen Diktator und Massenmörder in demokratischer Absicht zu beseitigen. Es fiel und fällt schwer, dagegen zu argumentieren.

Berlin, den 4. Februar 2003

Lieber Herr Reemtsma,

ich schreibe Ihnen aus zwei Gründen. Erstens, um mich für Ihren gestrigen Vortrag zu bedanken. Ich kenne über dieses Thema kaum etwas Differenzierteres und doch Entschiedeneres. Ihnen ist ein großer Essay »Über die Gewalt« gelungen.

Zweitens aber: zu meinem Ausbruch am Ende der anschließenden Diskussion. Da rechtfertigten Sie den Einsatz von Gewalt – gegen Hitler und, aktuell, gegen Saddam Hussein. Ich stotterte erregt: Sie haben, dank Ihrem Alter, noch keinen Krieg erlebt. Sie wissen nicht, was Krieg ist. Das war gegenüber Ihnen, dem eminenten Historiker und Analytiker der deutschen Kriegsverbrechen, zu grob und zu wenig. Darf ich hier ausführlicher, pedantischer werden?

Ein fastreligiöser »Pazifist«, als den Sie mich verstanden, bin ich nicht. Nie werde ich vergessen, dass ich dem Zweiten Weltkrieg, vor allem der Einmischung Amerikas in jenen Krieg verdanke, dass ich lebe. Hätte er nur ein Jahr länger gedauert, ich wäre mit meinen Eltern und Geschwistern in Auschwitz geendet. Aber ich glaube, dass der Krieg das zweitschlimmste aller vom Menschen erfundenen Übel ist – gleich nach dem (durch Gott, Staat, Rasse oder Partei legitimierten) Hinmorden der eigenen Mitbürger. Weil der Krieg aber fast ebenso mörderisch ist wie der Bürgerkrieg, und weil das Mordverbot nicht nur im eigenen Volk, sondern auch unter Nationen gelten muss – deshalb gehört es zur strikten moralischen Pflicht jedes Einzelnen wie jedes Staates, sich einem zweifelhaften Krieg zu verweigern.

Mein Widerstand gegen Ihre Argumente begann also vor Ihrem Angriff auf einen abstrakt-universalen »Pazifismus«. Sie hatten sich in der Diskussion gegen die Wahlkampf-Erklärung Gerhard Schröders im August, jetzt wieder im Januar gewandt, Deutschland werde sich einem Irak-Krieg selbst mit UNO-Mandat verweigern. Sie sagten: Die Verfassung der Bundesrepublik verpflichte unseren Staat, an keinem Krieg ohne die Sanktion der Vereinten Nationen teilzunehmen. Richtig: Aber sie verpflichtet uns zum Glück nicht, an jedem Krieg, den der Sicherheitsrat sanktioniert (wie jetzt voraussichtlich den Irak-Krieg), uns zwangsweise, sozusagen automatisch zu beteiligen. Vor jedem Krieg (erst recht jedem Angriffskrieg) sind wir gefordert, nur nach dessen Berechtigung, nicht nach den Mehrheitsverhältnissen im Sicherheitsrat zu fragen. Dieser Krieg ist ein zweifelhafter: aus mehreren Gründen, die ich hier anführen will.

1) Amerika zeigt eine größere Verachtung der UNO und des Völkerrechts als der von ihm angeklagte Irak; es erklärt offen, dass es den Beschluss des Sicherheitsrates missachten will, falls er nicht in seinem Sinne ausfällt. Wollte sich folglich Deutschland auf die UNO und das Völkerrecht berufen und sich zugleich an Bushs Krieg beteiligen – so wäre das seitens unserer Regierung moralisch: Heuchelei, rechtslogisch: Widersinn, politisch: Satellitenfeigheit.

2) Die Kritik an Schröder, ob an seinen Motiven (Wahlkampfspekulation) oder an seiner Absicht (Verweigerung auch trotz UNO), greift zu kurz. Erklärungen, auch Taten von Politikern wirken durch und mit Symbolkraft; dieser Wirkung sind vor Monaten die Wähler, heute die Kriegsgegner in Deutschland verständig und richtig gefolgt. 51% der Deutschen (Schröders Mehrheit bei den Bundestagswahlen) sind nicht etwa »Pazifisten« – auch nicht so dumm, Schröders Wahlkampf-Motive oder Argumentationslücken übersehen zu haben. Aber ganz schlicht: Die Mehrheit der Deutschen erkannte in und meinetwegen hinter Schröders (verspäteter) Haltung unsere Pflicht, im Falle dieses Krieges einzeln-spezifisch (statt abstrakt-verallgemeinernd) zu urteilen: »*Dieser* Krieg geht uns nichts an« und: »*Diesen* Krieg machen wir nicht mit«.

3) Ich finde auch an der sogenannten geopolitischen Denkweise nichts zu Verachtendes. Es geht uns an, wenn in Jugoslawien Völkermord geschieht: Mit der Verweigerung des Kosovo-Krieges hätte Schröder (weil das Volk, wie ich fest glaube, *nicht* dumm ist) keine Wahl gewonnen. Wenn aber drei deutsche Kriegsschiffe seit Monaten im Roten Meer herumkreuzen (ohne die Befugnis, auch nur ein einziges fremdes Transportschiff effizient zu kontrollieren, denn Piraterie ist, selbst für *freedom and democracy*, noch nicht erlaubt), dann frage ich mich schon: Was hat die »Emden« vor Dschibuti zu suchen? Präziser: Kennen wir die wahre Situation des »internationalen Terrorismus« genügend (oder die soziale, politische Innenstruktur des Landes Irak, der nun als einziger arabischer Staat zu einer Demokratie umgebombt werden soll) –,

um im Namen der Demokratie einen Angriffskrieg zu führen?

*

Geht es der Regierung Bush um die Gefährdung des Weltfriedens durch den Irak – oder um die Gefährdung ihres Monopols an einsatzfähigen atomaren, chemischen, biologischen Waffen (falls der Irak solche besitzt)? Viel spricht gegen Saddam Hussein; das ist zu mild gesagt. Eines hingegen spricht für die USA: die große abendländische Tradition. Den Gegner erst unter Drohungen zu entwaffnen, dann zu überfallen, ist eines der ältesten Mittel des Imperialismus, schon von Rom zur Vernichtung Karthagos verwandt. Karthago, nicht Rom war am Dritten Punischen Krieg schuld; es hatte, nach seiner vorigen Niederlage, den aufgezwungenen Rüstungsbegrenzungsvertrag nicht eingehalten. – Wir sind erst beim zweiten Präventivkrieg angekommen, zu dem sich Bush und Rumsfeld mit ihrer Neuen Strategie offen ermächtigt haben. Schröder hat also für die Dauer keinen Schaden angerichtet. Wir werden im dritten und vierten Krieg noch Gelegenheit bekommen, unsere Bündnistreue zu beweisen.

In Freundschaft und Hochachtung (die mein Grund sind, Ihnen diesen Brief zu schreiben),

Ihr
Ivan Nagel

DER KRIEG UND DIE LÜGEN

Süddeutsche Zeitung, 19. Februar 2003

Es ist schwer, sich heute vorzustellen, mit welcher Anpassung, ja Servilität die deutsche Presse (mit Ausnahmen) selbst in der Aufmarschphase noch das scheinheilige Vokabular der Washingtoner Kriegspropaganda beibehielt und vervielfältigte. Zuflucht für eine nüchterne Sicht wurden die Kulturseiten weniger großer Zeitungen; sie druckten oft die unverstellte Widerlegung dessen, was auf der ersten, politischen Seite stand.
Die breite Bewegung der Völker Westeuropas gegen den Irak-Krieg war bei solcher Auswahl und Verzerrung der Informationen fast ein Wunder. Sie bewies, dass das Volk die Demokratie als Lebens- und Staatsform manchmal verdient.

Jeder Krieg fängt, bevor er anfängt, mit Lügen an. Zwei Arten der Lüge sind zu unterscheiden: Lüge durch Verfälschung der Fakten und Lüge durch Verfälschung der Worte. Mit beiden werden wir seit anderthalb Jahren überfüttert bis zur Übelkeit.

Die Verfälschung der Fakten aufzuklären, braucht genaues, oft umständliches Erzählen. Dafür gibt es heute, im letzten Moment des Friedens, keine Zeit mehr. (Es brauchte Jahrzehnte, bis Präsident Johnsons Tonking-Betrug zwecks Ermächtigung zum Vietnam-Krieg beweiskräftig erzählt werden konnte.) Die Verfälschung der Worte lässt sich schneller, sozusagen fragmentarisch aufzeigen. Ihre Urteilsinstanz ist nicht das Aktenwissen, sondern der Menschenverstand: Sprachsinn hilft, wenn man es zulässt, dem Wahrheitssinn. Ich will hier versuchen, zu einem Wörterbuch der Kriegslügen nur erste Ansätze zu liefern. Der Krieg kommt. Es werden viele, bösere Lügen kommen.

Das Wort Krieg wird als erstes verfälscht. Der Aufmarsch von 200 000 Soldaten um die Grenzen des Irak heißt nicht »Kriegsvorbereitung«, sondern (seit Monaten dulden wir das): »Drohkulisse«. Der Zweck ihrer Anwesenheit ist nicht der »Krieg«, sondern der »Weltfrieden«. Der Irak gefährdet nur die »Sicherheit«, nicht die »Ölwirtschaft« der USA und ihrer Bewohner. Gegen ihn hat man keinen »Angriff« vor, sondern »Entwaffnung«. Entrissen werden ihm dabei die (atomaren, biologischen, chemischen) Massenvernichtungswaffen – von der Weltmacht, die sie in unvergleichlichen Mengen besitzt und stetig weiterentwickelt. Die USA sind das einzige Land auf der Erde, das

ABC-Waffen aller Kategorien, von der Atombombe über Agent Orange bis zum Napalm, schon eingesetzt hat.

Der völkerrechtliche Kriegsgrund für die USA und England ist, dass der Irak »die Entschließungen des Sicherheitsrats missachtet«. Die USA und England haben von vornherein klargemacht, dass sie ihren Krieg auch dann führen werden, wenn der Sicherheitsrat keine ihnen passende Entschließung fasst. Für diesen Fall spricht George W. Bush jetzt schon (als echter Stratege der Prävention) von einem »lahmen, irrelevanten Debattierklub«. Trotzdem beweisen die USA eine dauerhafte Achtung für den Sicherheitsrat: Seit den sechziger Jahren haben sie dessen Beschlüsse in weitem Abstand (gefolgt von Großbritannien) der meisten Vetos gewürdigt.

»Vorbeugung« (zurück zum Falschwörterbuch) wird die Kette von Angriffskriegen genannt, die Präsident Bush gleich am 21. November 2001 angekündigt hat: »Afghanistan ist erst der Anfang im Krieg gegen den Terror. Es gibt andere Terroristen, die Amerika und unsere Freunde bedrohen, und andere Nationen als willige Sponsoren. Wir werden die Übeltäter (*evil ones*) über die Jahre auf der ganzen Welt bekämpfen.« Die Verkündung der Neuen Strategie von *preemptive strikes* folgte bald. »Vorbeugung« heißt also in unverfälschter Sprache: Selbstermächtigung der einzigen Weltmacht, Übeltäter-Staaten ohne Verteidigungsnot oder UNO-Auftrag zu bestrafen.

Terrorismus wird in der neueren Völker- und Kriegsrechtslehre als Gewaltakt ohne Kriegserklärung definiert. Solche Gewaltakte werden aber nicht nur von Hamas-

Attentätern in Israel, von Al-Qaida-Kämpfern gegen das Pentagon verübt. Die russischen Schläge gegen Ungarn, Tschechoslowakei, Afghanistan, Tschetschenien, die amerikanischen Schläge gegen Kuba, Vietnam, Kambodscha, Grenada, Irak, Jugoslawien, Afghanistan wurden sämtlich ohne Kriegserklärung (einmal mit UNO-Mandat) geführt. Sie waren immer schon gegen die jeweiligen Übeltäter oder Schurken gerichtet: also »Maßnahmen«, keine »Kriege«. Doch erst in diesem Winter hat Bush daraus einen Rechtstitel der Aggression für alle Zukunft abgeleitet.

Diesem Schlussstrich unter dem Völkerrecht wurde einer unter die Menschenrechte hinzugefügt: Da die Kriege keine Kriege sind, gibt es keine »Kriegsgefangenen« mehr, stattdessen nur »feindliche Kombattanten«. Sie werden auf unbegrenzte Zeit ohne Anklage und Rechtsbeistand festgehalten. Ob das auch für die Gefangenen im kommenden Irak-Krieg gilt, hat das »Bündnis gegen den Terrorismus« (= »Regierungen gegen die Volksmehrheit«) noch nicht deklariert. Jedenfalls führt das Bündnis seinen Nicht-Krieg im Namen der Menschenrechte: zur »Befreiung« (statt zur erwogenen jahrelangen »Besetzung«) des diktaturverseuchten Schurkenstaates Irak.

Zu den Schurkenstaaten gehören (laut Informationsdienst des State Department vom Mai 2002) Kuba und Libyen. Kriegsminister Rumsfeld hat bei der Münchener Wehrtagung Deutschland mit Libyen und Kuba in eine Reihe gestellt. Das wird in der deutschen Presse mit seinem »Temperament« entschuldigt. Kuba und Libyen sind aber die einzigen Länder, gegen deren Regierungschefs die CIA oder die US-Luftwaffe nach eigenem Geständnis Mordattentate unternommen hat. Es steht kaum zu befürchten, dass Schröders Wohnhaus in Hannover morgen von einer amerikanischen Bombe getroffen wird. Dass aber für Rumsfeld und Kollegen schon die bloßen Namen jener Länder mit Feindschaft beladen sind, dass also »Temperament« das allernaivste Falschwort für »Hass« ist, kann niemand bezweifeln.

Hass trifft alle »Verbündeten« (für »Satelliten«), die sich einer »Befriedung« (für »Erstschlag«) durch die USA nicht anschließen. Einige Senatoren in Washington versprechen uns seit drei-vier Tagen *retaliation* – das bedeutet ohne Falschwort, auf gut deutsch: Vergeltung. Wir haben sie verdient: Verweigern wir nicht sogar der Türkei (der die plötzliche Liebe der CDU/CSU gilt) den Schutz gegen die Raketen, ja Biowaffen bei einem irakischen Angriff? »Schutz« ist hier ein beruhigendes Falschwort für »gemeinsame Aggression«.

Die Türkei scheint (zwar unwillig, auf massiven Politik- und Wirtschaftsdruck hin) bereit, nicht nur ihre Flughäfen, sondern auch ihr Territorium für einen Angriff auf den Irak zur Verfügung zu stellen. Überdies hat sie vor, mit 80 000 Soldaten (General Franks will nach Agenturmeldungen nur 20 000 zulassen) in den Nordirak einzudringen, um – wenigstens dies im eigenen Interesse – die Bildung eines Kurdenstaates im Kriegschaos zu verhindern. Den Aggressor mit deutschen AWACS und Patriots gegen eine Gegenwehr zu »schützen«, heißt an der Aggression teilnehmen. Gehört das zur Bündnispflicht?

Nicht nur die amerikanische Regierung wirft dem Bundeskanzler mangelnde »Bündnistreue« (= »Vasallengehorsam«) vor. Die heimische Presse vergleicht ihn bald mit Wilhelm II., bald mit Neville Chamberlain, die wenig miteinander gemeinsam hatten. Verblüffender noch klingt der »deutsche Sonderweg« als Falschwort für »Friedensinitiative«: Wann jener Sonderweg zum Frieden führen wollte, ist den Historikern unbekannt. Jedenfalls führt er unser Land in die »Isolierung« – dies ist das Wort der deutschen Presse für jene Quarantäne, die wir nun mit Frankreich, Belgien, Russland (deren Nähe sonst nicht zum deutschen Sonderweg gehörte) teilen müssen.

Die Enge unserer Isolierzelle wird beklemmender, seitdem auch der Papst hereinwill mit allen protestantischen Bischöfen. Von den anderthalb Milliarden jener anderen Weltreligion nicht zu sprechen, die (wenn heute noch nicht, dann morgen) aus lauter Terroristen besteht. Dass der »Krieg gegen den Terrorismus« eine Unzahl von potentiellen Terroristen zeugen wird (also ein »Krieg für den Terrorismus« ist), wurde von seinen Befürwortern noch nicht erkannt. Doch diesmal gestatten sie sich und uns das Wort »Krieg« – gerade weil gegen Terrorismus und Terroristen (anders als gegen Syrien, Nordkorea, Iran) kein »Krieg« in irgendeinem kontrollierbaren Wortsinn zu führen ist.

Widerstand gegen den Krieg gibt es auch in den USA. Die Abgeordnetenhäuser von 94 Städten protestieren gegen den Unilateralismus ihres Präsidenten: Chicago, Philadelphia, Baltimore, Detroit, sogar Washington, DC, sind unter ihnen. Vierzig amerikanische Nobelpreisträger warnen (wie bei uns Günter Grass) vor Aggression. 59% der US-Bürger (Umfrage vom 10.–12. Februar), mehr noch in Großbritannien, glauben, dass man den UNO-Inspektoren mehr Zeit geben soll, statt sofort einen Krieg zu beginnen. Abend für Abend bei der Berlinale dankten amerikanische Filmemacher, Schauspieler »den Deutschen« dafür (öffentlich die Berühmten, im Cafégespräch die Unbekannten), dass sie etwas gegen den Krieg tun. Diese Mutigen heißen in den USA »Weicheier«, »Feiglinge«, »Vaterlandslose«.

Susan Sontag schrieb wenige Tage nach dem 11. September: »Die einstimmig beklatschten, selbstzufriedenen Einschlafreden bei sowjetischen Parteitagen kamen uns zu Recht verachtenswert vor. Die Einstimmigkeit der salbungsvollen, wirklichkeitsverstellenden Rhetorik, die unsere Amtsträger und Medien dieser Tage von sich geben, ist, nun ja, unwürdig einer reifen Demokratie. Lasst uns zusammen trauern. Aber lasst uns nicht zusammen verblöden.« Wie kein anderer, keine andere wurde damals Sontag als Landesverräterin beschimpft. Wer die Volksverdummung stört, stört wie kein anderer die Kriegsvorbereitung.

Ich vertraue auf eine bewundernswerte Eigenschaft der vielen, der besten Amerikaner: sich nicht nur mit der Größe und Kraft ihres Landes zu identifizieren. Sie haben die Courage, auch das Schlimme als ihre eigene Verantwortung zu sehen – statt es wie manche Europäer, manche Deutsche hochmütig, angewidert oder gar schadenfroh feixend auf irgendwelche Anderen zu schieben: auf die dummen Massen oder die bösen Mächtigen. Dieses schöne »Wir«, von Auflehnung und Ändernwollen erfüllt, habe ich in diesen Tagen immer wieder von Amerikanern, Freunden wie Fremden, gehört. Sie werden es zu verhüten wissen, dass unter George W. Bush »Freiheit« und »Demokratie« zu Falschwörtern werden.

WARUM ICH GEGEN DEN IRAK-KRIEG BIN –

ANTWORT AN GYÖRGY KONRÁD

Frankfurter Allgemeine Zeitung, 10. März 2003

Von allen Teilen dieses Buches führt der folgende Antwort-Artikel wohl die schärfste, polemischste Sprache. Zur Erklärung: Ich schrieb ihn am 7. und 8. März, zwölf bis elf Tage vor dem Ausbruch des Irak-Krieges. Dem Leser wird er hier in der (teils gekürzten, teils leicht erweiterten) Fassung mitgeteilt, die damals für eine Übersetzung ins Ungarische entstand.
György Konrád, der bedeutende ungarische Romancier (»Der Besucher«) und politische Essayist (»Antipolitik«) wurde 1933 geboren und wuchs in Budapest auf. Er war 1997–2003, auch zur Zeit dieser Polemik, Präsident der Akademie der Künste in Berlin.

Warum ich für den Irak-Krieg bin«: György Konrád traut sich in seinem Bekenntnis (*Frankfurter Allgemeine Zeitung*, 27. 2. 2003), etwas Gesundes und Vernünftiges zu tun, das andere sich nicht trauen. Er stelzt nicht als objektive politische oder moralische Instanz einher. Sondern er argumentiert aus seiner eigenen, umgrenzten Identität geografisch, historisch, lebensgeschichtlich: als Mitteleuropäer, als ein durch die USA zweifach – von Hitler und von Stalins Nachfahren – Befreiter, als mutiger Gegner der Partei-Despotie in Ungarn. Ich halte seine Argumente für falsch. Sie widersprechen eben der Identität, mit der er sich ausweist: des Demokraten aus dem Ex-Sowjetblock.

Das ist eine harte, bittere Behauptung. Denn die bekannten politisch-moralischen Instanzen verweigern sich überdeutlich gerade diesem Krieg: so die Sprecher von Christentum, Islam, Vereinten Nationen, Völkerrecht. Die Zustimmung des irakischen Volkes selbst zu seiner Befreiung durch fremde Heere ist bestenfalls eine Hoffnung, schlimmstenfalls Kriegspropaganda. Da fällt die immense Autorität der eigenen Erfahrung eines György Konrád, eines Václav Havel, die den Krieg befürworten, umso schwerer ins Gewicht. Ihre Einsamkeit hat in schlimmen Jahren ihre Glaubwürdigkeit nicht vermindert, sondern gesteigert. Trotzdem frage ich: Worin irren sie sich?

1.

Franzosen und Deutschen unterstellt Konrád eine »Vorliebe für die irakische Willkürherrschaft«, weil sie der Beseitigung Saddam Husseins durch einen Krieg nicht zustimmen. »Wir«, hält er dagegen, »ehemalige Dissidenten Mitteleuropas, sind daran interessiert, dass es weniger Diktaturen auf der Welt gibt.« Aber die Bewohner Mitteleuropas, ob Ex-Dissidenten oder Ex-Kommunisten, verdanken ihr Leben keinem Krieg der USA gegen die dortigen Diktaturen – sondern dem Verzicht der USA auf einen Krieg selbst während des Ungarn-Aufstands und der Tschechoslowakei-Besetzung. Die Diktaturen Mittel- und Osteuropas, die Amerika verdammte, sind in sich zusammengestürzt ohne globusgefährdende Militärgewalt. Sogar die Diktaturen Mittel- und Südamerikas, die Amerika förderte, fielen, ohne dass ihr Protektor sie mit Bomben schützte.

Doch nur die USA, so Konrád, wollen und können die Demokratie im Irak durchsetzen. George W. Bush ist recht spät auf die Idee gekommen, seinen Krieg mit der Demokratisierung der arabischen Welt zu rechtfertigen. Er bestand zuerst auf jener Suche nach Massenvernichtungsmitteln, die nebenbei den Nutzen brachte, den Irak schon vor dem Überfall auszuspionieren und zu entwaffnen. Dann beschwor er den Kampf gegen den Terrorismus, mit dem der Irak keine Verbindung hatte. – Osama bin Laden kann sich allerdings nichts Besseres wünschen als einen Sieg der USA über den Irak: Der Nachschub an jungen Terroristen wäre ihm für Jahrzehnte sicher. Gegen deren bösen Undank wird Bushs hochverschuldetes Öl-Amerika von 2003 es kaum dem Progress-Amerika Roosevelts, Trumans von 1945 gleichtun an geduldig generösem Beistand. Besetzung aber durch eine mächtige Fremdarmee, die den Unterworfenen das eigene System gebieterisch aufzwingt: Hat Konrád damit in Ungarn gute Erfahrungen gemacht?

Ist Amerikas Krieg für einen demokratischen Irak glaubhaft – da er schon im Vorlauf die moderateren Regierungen der Region einer Zerreißprobe aussetzt, die in fundamentalistischen Aufständen und Diktaturen enden kann? Präsident Bush zerreißt die erste parlamentarische Demokratie im islamischen Nahen Osten zuerst. Die Türkei ist eine Mehrparteiendemokratie seit 1946–50, wie die Bundesrepublik. Zwar hat die Armee gegen Parteienzwist oder Islamistenmehrheit 1960, 1971, 1980, 1997 Putsche angedroht und meist ausgeführt. Doch die vorletzte Regierung hat die Abschaffung der Todesstrafe beschlossen. Die jetzige, islamistische hat in erstaunlicher Weisheit die Stärkung der Menschenrechte, Versöhnung mit Griechenland und den Kurden eingeleitet. Die Offiziere haben sich nicht eingemischt. Eingemischt hat sich Amerika.

Mit gröbster Bestechung und Erpressung in einer krisenhaften Wirtschaftslage, mit Expansionslockung zum Nachteil der (irakischen) Kurden sollte die neu gewählte Regierung der Türkei gegen das Volk gewendet werden, das zu 95% den Irak-Krieg ablehnt. Seit dem Scheitern im Parlament von Ankara will Amerika nun die Regierung zwingen, nicht nur gegen das Volk, auch gegen die Volksvertretung zu handeln. Schon schließt sich dem die Armeeführung mit einer stahlharten Mahnung an, deren Staatsstreich-Färbung Regierung, Parlament und Volk aus vierzigjähriger Erfahrung kennen. Ich appelliere nochmals an György Konráds biografisches Gedächtnis: Wurden nicht 1948 in Ungarn Regierung, Parlament und Volk ähnlich gegeneinander ausgespielt, nach kurzer Freiheit mit Militärdruck entmachtet? Sollte Amerika nicht in der

Türkei die Demokratie schonen, statt sie im Irak herbeizubomben?

2.

Wir kommen zum heikelsten Argument György Konráds: Die Verweigerung des Krieges entspringe populistischem »Antiamerikanismus«. Die Deutschen sind nicht im geringsten antiamerikanisch (daran scheiterte die Studentenbewegung, auf die Konrád hier anspielt). Auch hätte niemand in Deutschland durch Opposition gegen den ersten Irak-Krieg, den Kosovo-Krieg, den Afghanistan-Krieg Wahlen gewonnen. Aber das Volk unterscheidet, mit Reife und Vernunft, jene drei Kriege von dem vierten, den es für schädlich und rechtswidrig hält. Was könnte sich der Demokrat Konrád Besseres, seinem eigenen Bekenntnis zur umgrenzten Identität Ähnlicheres wünschen? Die Bürger eines Volkes erkennen, dass sie geografisch, historisch, lebensgeschichtlich nichts mit diesem fernen, verlogenen Krieg zu tun haben – und dass *ihre* Geschichte ihnen die Teilnahme an einem solchen Angriffskrieg verbietet.

Meine Freunde und ich sind Proamerikaner. Wir warnen Amerika vor seinen schädlichen Machthabern; bewahren muss es sich selbst. Haben aber die Deutschen nicht, meint Konrád, NATO und EU gespalten? Wenn nicht mir, so glaubt er vielleicht dem dienstältesten Senator der Vereinigten Staaten, Robert C. Byrd aus West Virginia: »Diese Regierung (von Bush) hat traditionelle Bündnisse gespalten und internationale Institutionen zur Erhaltung der Ordnung, die Vereinten Nationen und die NATO, vielleicht für alle Zeiten verstümmelt. Diese Regierung hat die Tradition eines weltweit herrschenden Vertrauens erschüttert, das in den Vereinigten Staaten einen Friedenshüter voll guter Absichten sah.« Konrád aber lobt die Bush-Regierung im harten Amt eines Polizisten, von dem wir »keine Rhetorik, sondern Sicherheit erwarten«.

Erstens: Hört Konrád die paranoische Rhetorik nicht, deren sich sonst nur üble Provinzdiktatoren bedienen? Zweitens: Woher Konráds neue Sympathie mit der Polizei? Im Rechtsstaat ist die Polizei dem Parlament, der Regierung und der Justiz verantwortlich. Doch unser Weltpolizist befolgt seit Jahren kaum einen Beschluss der UNO-Vollversammlung, des »Weltparlaments«. Er erklärt offen, dass er nach seinem Willen handeln wird, auch wenn der Sicherheitsrat, die »Weltregierung«, sein Vorhaben ablehnt; und er weigert sich (zusammen mit Irak, Libyen, Israel, China) die Aktionen seines Landes einem Internationalen Gerichtshof zu unterwerfen. Kurz: Die Abschaffung der Kontrolle durch Legislative, Exekutive, Justiz schafft das perfekte Modell eines Polizeistaates. In einem Welt-Polizeistaat möchte ich nicht leben.

3.

György Konrád und ich besuchten dasselbe Budapester Gymnasium, bis ich 1948, siebzehnjährig, vor dem Kommunismus weglief. Vielleicht sollten wir uns beide von aller späteren Erfahrung ein wenig entfernen (nur bis 431–404 vor Christi Geburt), um uns von einer Schullektüre belehren zu lassen: von dem ersten und größten Analytiker politischer Erfahrung, Thukydides. »Am Anfang«, sagt er in seinem »Peloponnesischen Krieg«, »hatte Athen die Führung im Seebund; aber die Verbündeten waren unabhängige Staaten, die ihre Entscheidungen in gemeinsamer Versammlung trafen.« Besonders eifrig standen hinter Athen »diejenigen Staaten, die soeben von der Herrschaft der Perser befreit worden waren«. Doch wenig später meinten auch sie: »Wir wurden nicht Bundesgenossen zur Unterwerfung der Hellenen zu Nutzen Athens, sondern zur Befreiung von den Persern zu Nutzen von Hellas.« Droht nicht den Staaten Mitteleuropas, die sich in ihrer jüngsten Erklärung hinter Bushs Kriegswünsche stellen, dieselbe Einsicht?

»Als wir sahen, wie sie die Unterjochung der Bundesgenossen betrieben, da erfasste uns große Furcht.« In jenen Jahren der athenischen Ausdehnung und Dominanz erlebten Athen selbst wie seine Bundesgenossen einen wüsten moralischen Verfall. »Nach Bedarf änderten sie die Bedeutung der Wörter. Törichte Angriffslust galt als mutige Aufopferung, vorausdenkendes Erwägen als Deckmantel der Feigheit. Wildes Draufgängertum hielt man für Mannesart, wägendes Weiterberaten für schön klingenden Vorwand der Verweigerung. Wer schalt und tobte, war bestimmt zuverlässig, wer widersprach, verdächtig. Wer mit Überfall einem andern, der vielleicht Böses plante, zuvorkam, erntete Lob – erst recht aber, wer einen anderen, der nichts Böses vorhatte, dessen beschuldigte.« Hielt ein Verbündeter sich heraus, so wurde er zum Abtrünnigen erklärt; und Abtrünnige – so der Demokrat-Demagog Kleon – waren hassenswerter als die Feinde.

Athen ging unter, als seine Verbündeten, in der Tat mehr als seine Feinde, Athens Macht zu fürchten und zu verabscheuen begannen. Diese herrlichste Sammlung von

Demokratie, Reichtum, wissenschaftlichem und künstlerischem Genius zersetzte sich selbst; mit ihm das Vorbild abendländischer Kultur, das alte Griechenland. Thukydides aber schrieb sein Werk, mitten im Prozess der Anmaßung und des Untergangs: »damit die Künftigen das, was nach der menschlichen Natur wieder einmal so oder ähnlich kommen wird«, möglichst doch nicht mit allen Fehlern blind wiederholten.

FALSCHWÖRTERBUCH DER SOZIALREFORMEN

Süddeutsche Zeitung, 30. Mai 2003

Das »Falschwörterbuch der Sozialreformen« lässt sich, scheint mir, nicht trennen vom Falschwörterbuch des Krieges. Sie teilen sich die Methode: Sprachkritik. Aber Sprachkritik, die sich als Selbstzweck gefällt, verkommt zum Werkzeug anderer, uneingestandener Zwecke: der Genugtuung am eigenen Durchblick, der Rechthaberei im Wortgefecht. Sprachkritik ist nur der erste, unumgängliche Prüfversuch im Zeitalter der Medien. Sie fragt, ob die neue Informationsflut Wahrheiten herbei- oder davonschwemmt. Möglich ist beides – bei uns liegen die Unterscheidung und die Wahl (griechisch: Kritik).
Lügen um die fremde Staatenwelt und Lügen um die eigene Gesellschaft stellen uns vor die gleiche Wahl. An beiden erprobt sich, ob uns (in der Ägide der Medien) bequeme Blindheit zur Gewohnheit wird – oder wir den Gebrauch von Augen und Verstand mühsam weiterüben. An beiden erweist sich, ob wir die Formung unseres Zusammenlebens selber versuchen oder Mächtigeren überlassen. So kann Sprachkritik eine Bresche für Sachkritik, Lebenskritik schlagen, ob es um die äußere oder die innere Politik des Gemeinwesens geht: um die Kriege des Militärs oder die Kämpfe der Wirtschaft.
In ihrer ersten Regierungsperiode 1998–2002 wurden Gerhard Schröder und seine SPD/Grünen-Koalition von den Medien, Wirtschaftsverbänden, Wissenschaftlern geradezu verwöhnt. Das damals neue Kabinett hatte die öffentliche Gesinnung umzustülpen, Widerspenstige in den eigenen Reihen zu disziplinieren – um Maßnahmen im Sozialsystem durchzusetzen, die die Mehrheit der deutschen Wähler von einer CDU/FDP-Regierung nicht angenommen hätte. Zum Beginn der zweiten Regierungsperiode im September 2002 hat sich der Ton jäh geändert.

In diesen Tagen und Wochen wird die schroffste Veränderung unserer Gesellschaft eingeleitet (die Vereinigung ausgenommen), die der Bundesrepublik Deutschland in fünfzig Jahren zugemutet worden ist. Eingeleitet: denn Wirtschaftsverbände und CDU/CSU meinen, dass die jetzigen Eingriffe nur den Anfang radikalerer Veränderungen hergeben sollen. Neu sind in der Geschichte der Bundesrepublik aber nicht nur die Eingriffe, sondern auch die Grobheit und Wut, mit denen sie einer amtierenden Regierung abgepresst werden. Opposition, Verbände, Medien sind seit zehn Monaten dabei, Kanzler und Kabinett rabiat weichzuklopfen, um eine neoliberale Gleichschaltung unseres sozialen Lebens und Umgangs zu erzwingen.

1.

Als Leser von Zeitungen, Hörer und Zuschauer staatlicher wie privater Sender – als Bürger dieser Republik hat mich eines frappiert: Trotz der Schroffheit der vorgeschlagenen Maßnahmen, trotz der Stimmungshitze bei ihrer Durchsetzung – eine Diskussion über ihre Richtigkeit und Nützlichkeit fand nicht statt. Von *ARD* bis *RTL*, vom Wirtschaftsteil der *SZ* und *FAZ* bis zur *BILD-Zeitung* wurden die immergleichen extremliberalen Dogmen vorausgesetzt und uns eingehämmert. Alternativen prangerte man schon durch die Wortwahl an. Diese Wortwahl wirkt unaufrichtig, agitatorisch irreführend. Das zeitgleiche Falschwörtergetöse zur Vorbereitung des Irak-Krieges mochte davon ablenken – oder erst recht aufhorchen lassen.

Dort hieß der Alleingang Amerikas »Bündnis der Willigen«, Angriffskrieg hieß »Entwaffnung«. Hier heißt die

Belastung der Armen »Eigenverantwortung«, die Kürzung der Arbeitslosenhilfe zur (gekürzten) Sozialhilfe ein »Anreiz für Wachstum«. Das Interesse der USA an Desinformation hält sich die Waage mit dem Interesse der deutschen Wirtschaft, Nachdenken über sie zu erschweren. Dass die Falschwörter der Sozialpropaganda sich aber allmählich noch dichter ballen als die der Kriegspropaganda, kann nur eines bedeuten: Der einheimische Streit in der Gesellschaft ist den Wortfabrikanten (und uns, ihren Konsumenten) wichtiger, als wenn, laut Goethe, »hinten, weit in der Türkei, die Völker aufeinanderschlagen«.

Über die Effizienz der »Agenda 2010« (oder jener wohlklingenden Vorschläge zur Entsozialisierung, die weit über sie hinausgehen) maße ich mir kein Urteil an. Wie sollte der Nichtökonom ein Urteil wagen – wenn selbst Ökonomen Schröders Pläne teils für zaghaft wirkungslos, teils für einen tapferen ersten Schritt, teils für ein ungerechtes Abrissprojekt halten? Unser Geschäft hier ist Sprachkritik. Wenn sich allerdings die Falschwörter in der Darstellung einer Sache häufen, packt den Sprachkritiker der Argwohn, dass etwas in der Sache selbst nicht stimmt. Doch davon später.

2.

Das Falschwörterbuch der Sozialreformen muss mit dem Wort »Sozialreform« beginnen. Man stelle sich einen (SPD-)Wirtschaftsminister vor, der zwischen Schmerz und Stolz verkündet, er habe wegen Sparzwängen das Gehalt seiner Sekretärin »reformiert«. Die Wirtschaft dürfte die feinsinnige Formulierung begrüßen. Wir aber dürfen unser Wörterbuch befragen: Wieso heißen die Industrie-

und Handelsverbände in Mediendeutsch stets »die Wirtschaft«, und deren gesammelte Interessen: »der Markt«? »Die Wirtschaft schlägt vor«, »der Markt weigert sich« – und wir schlucken es Tag für Tag.

Wirtschaft und Markt versprechen sich (und uns) eine neue Blüte Deutschlands durch »Senkung der Lohnnebenkosten«. Die Wendung und ihre landläufige Verwendung legen uns nahe, bei »Nebenkosten« handle es sich um eine ärgerliche Belastung aller: um Geld, das erst der Wirtschaft (und uns) abgenötigt, dann vom Staat verschwendet wird. Aufdringlich wäre es, daran zu erinnern, dass die Bürger dieses Landes in der Not des Alterns, der Krankheit, des Arbeitsverlustes einzig von diesen »Nebenkosten« lebten. Man schilt sie »Fehlallokation der Steuereinnahmen«: Hat Helmut Kohl sie sechzehn Jahre lang mit seiner Juliane in Monte Carlo verzockt?

Wer Falschwörter erfindet und stärkt, muss unser Gedächtnis schwächen. Neulich riskierte ich ein Experiment. Ich ging im Wedding, Berlins Arbeiter- und Kleinbürgerkiez, in drei verschiedene Kneipen und sprach an der Theke mit Stammgästen. Nebenbei ließ ich fallen, die »rot-grüne Arbeitslosigkeit« (*BZ*) sei 1997, im letzten Jahr der Regierung Kohl, höher als heute gewesen. Einige lachten mich als Spinner aus, andere wandten sich grimmig ab; sie erkannten mich als Ex-DDR-Agitator. Geglaubt hat keiner von den Arbeitern, Arbeitslosen, was ich sagte, was die Statistik sagt.

Diese Statistik kommt in unseren Zeitungen allerdings nur vor, wenn ein Grafiker, unkontrolliert vom Ressortleiter Wirtschaft, seine Arbeitslosen-Kurve irrtümlich im neunziger Jahrzehnt statt erst vor drei Jahren beginnen lässt. In einem Kommentar, geschweige denn im Leitartikel, sucht man solche Daten umsonst. Sie wären der panischen Schwarzseherei, dem Jüngsten Gericht über den Sozialstaat unzuträglich. Ebenso fehlt in Leitartikeln, Kommentaren, Glossen der überregionalen Wirtschaftsteile (erst recht in der Boulevardpresse) der einschlägige Zahlenvergleich mit den USA – an dem der Nutzen neoliberaler Gewaltkuren sich am besten nachprüfen ließe.

In Bushs Amerika ist in vollem Gang, was für unsere bessere Zukunft befürwortet und umbenannt wird: Steuersenkung für Unternehmen und Unternehmer (zu deutsch: »Entlastung der Investoren«), Kündbarkeit nach *hire and fire* (= »Flexibilisierung des Arbeitsmarktes«), Niedriglöhne (= »Differenzierung der Lohnstrukturen«), Senkung der *social security* unter das Existenzminimum (= »Leistungskürzung für Arbeitsunwillige«). Das Ergebnis in den USA, das in keinen deutschen Medien vorkommt: die höchste Arbeitslosigkeit seit acht Jahren; 525 000 verlorene Arbeitsplätze allein zwischen Anfang Februar und Ende April – der rapideste Schwund in zwanzig Jahren.

3.

Ein »Falschwörterbuch der Sozialreformen« sollte sich damit begnügen, den Widerspruch zwischen Terminus und Sache zu belegen. Doch wird der Sprachforscher/Lexikograf immer wieder in die Widersprüche der Sachen selbst verwickelt: Sprachkritik wird zur Sachkritik. Mit gutem Grund: Nur wenn die Sache ein Falschargument zum Kern hat, produziert sie ein Falschwort als Hülle. Nehmen wir das hübscheste Beispiel von einem Falschargument: Die Erleichterung der Kündigung wird mehr Arbeitsplätze bringen. Nur weil jede Kündigung einen Arbeitsplatz abschafft, statt einen zu schaffen, entsteht der publizistische Bedarf, sie zur »Flexibilisierung des Arbeitsmarktes« zu verklären.

Es wäre zu kurz gedacht, ein sinnwidriges Argument auch für sinnlos zu halten. »Flexibilisierung des Arbeitsmarktes« plus »Differenzierung der Lohnstrukturen« (= erleichterte Kündigung plus untertarifliche Niedriglöhne) ergeben zusammen einen sehr fasslichen Sinn: statt mehr Arbeitsplätze billigere Arbeitsplätze. Pflegt und verwöhnt man diese Lohnminderungsmaschine mit den drei besten Schmierölen (Senkung der Sozialhilfe; Zusammenlegung von Arbeitslosenhilfe und Sozialhilfe; Arbeitspflicht für deren Bezieher), so wird sich die Spirale nach unten, eine neue Doppelhelix, noch schneller in unseren Alltag bohren. Die Abwärtsbewegung der ohnehin geringsten Einkommen heißt: »globale Konkurrenzfähigkeit« oder bescheidener: »marktgerechte Beschäftigungspolitik«.

Das vierte Schmiermittel für eine neue, unsolidarische Gesellschaft stand schon unter unseren Falschvokabeln: »Eigenverantwortung«. Sie meint in kruderer Sprache: Der Arbeitnehmer muss künftig allein bezahlen, was bisher zur Hälfte vom Arbeitgeber eingezahlt und später vom Staat wieder ausgezahlt worden ist. Will der Arbeitnehmer bei Krankheit oder Verrentung nicht schlechter versorgt sein als bisher, muss er den Unterschied selber begleichen. Die »Lohnnebenkosten« werden mithin nicht

»gesenkt« – sondern größtenteils (trotz Riester-Zulagen) dem Arbeitnehmer aufgeladen.

»Arbeitgeber« und »Arbeitnehmer«: Es empfiehlt sich, die beiden Ur-Falschwörter der deutschen Wirtschaftslehre näher zu betrachten. Wer seine Arbeit hergibt, heißt bei uns »Arbeitnehmer« – wer sie nimmt, »Arbeitgeber«. Mir klang das Begriffspaar immer nach der Adenauer-Zeit: Man schuf damals neue Worthüllen wie Leichentücher, um in ihnen die alten Klassenkämpfe zu begraben. Ich irrte mich: Die Ur-Lüge stammt (wie unsere besten Lügen und Wahrheiten) aus dem 19. Jahrhundert. Sie wurde nach dem Weberaufstand von 1844 erfunden, dann in Bismarcks Sozialgesetze übernommen. Einer jener beiden, die man bei uns nicht zitieren darf, schrieb 1873: »Mit Recht würden die Franzosen den Ökonomen für verrückt halten, der den Kapitalisten *donneur de travail*, den Arbeiter *receveur de travail* nennen wollte.«

Auch diese Sinnwidrigkeit hatte dazumal ihren guten, bösen Sinn: Der Unternehmer stellte die Arbeit als seine gnädige Gabe hin; der Arbeiter nahm das Geschenk dankend entgegen, wissend, dass seine Arbeit ihm nicht gehörte – weshalb die Schenkung jederzeit rückgängig gemacht werden konnte. Heute ist das Begriffspaar ein vertrautes Gebrauchsobjekt unseres Alltags; und doch ist es eigentlich veraltet. Es könnte manchen auf die Idee bringen, dass der Arbeitgeber schuld daran sei, wenn er keine Arbeit mehr gibt – dem Arbeitnehmer die Arbeit nimmt. Um diese Irrlehre zu widerlegen, begann vor fünfzehn Jahren das Falschwort »strukturelle Arbeitslosigkeit« vorzuherrschen.

4.
Wir sagten: Wer Falschwörter stärkt, muss unser Gedächtnis schwächen. »Strukturelle Arbeitslosigkeit« hat es sogar geschafft, dank unserer Gedächtnisschwäche innerhalb weniger Jahre geboren zu werden, zu sterben und aufzuerstehen. Zuerst, etwa von 1990 bis 1997, hörte man keinen Terminus häufiger. Auch damals war an der Arbeitslosigkeit nicht der Unternehmer schuld, der die Arbeiter einstellte oder entließ, sondern ein höheres Verhängnis. »Strukturelle Arbeitslosigkeit«: Dieses moderne Fatum ging nicht vom global-glückbringenden Kapitalismus aus, sondern es traf ihn, bedauerlich, aber unabwendbar. Dann hörte man zwei Jahre lang nichts mehr von ihr. Als sie wieder anfing, die Wirtschaftsseiten zu füllen, hatte sich ihre Bedeutung ins Gegenteil verändert.

Jene »Struktur«, die dem Traum von Vollbeschäftigung ein Ende setzte, war nun nicht mehr der Aufstieg der Weltwirtschaft zur Globalisierung und Digitalisierung, nicht mehr der gloriose »Wandel der Produktionsgesellschaft zur Wissensgesellschaft« – sondern die schädliche »Verkrustung des Wohlfahrtsstaates«: sprich, eine verstockte, in falschen Solidaritäten erstarrte Regierungspolitik. Damit ist plötzlich alles klar und unmystisch geworden: Schuld an der Arbeitslosigkeit ist nicht das ökonomische Schicksal, immer noch nicht der Unternehmer, sondern der Bundeskanzler.

Der Staat soll zwar Angestellte nicht anstellen, sondern entlassen (= »Abbau der Bürokratie«), jedoch die Verantwortung tragen, wenn welche woanders entlassen werden. Wenn Arbeitgeber heute immer schneller immer mehr

Arbeitnehmer loswerden, heißt das in den Talkshows: »Versagen der rot-grünen Wirtschaftspolitik«. Allzu verständlich ist, dass die Regierung mitten im Schröder-Schlachten doch noch einen Punkt sucht, an dem sie sich mit den Verbänden und Medien einigen kann. »Die Wirtschaft« (= Unternehmer) und »die Wirtschaftspolitik« (= SPD-Regierung) haben diesen Punkt zweifellos gefunden: Schuld an der Arbeitslosigkeit sind – die Arbeitslosen. Knüppelschwerstes Falschwort: die »Arbeitsunwilligen«.

Verbände, Medien, Opposition und Regierung haben noch einen weiteren gemeinsamen Feind entdeckt. Fassen wir zusammen: Zu Kohls Zeiten konnte man fast stolz sein auf die Arbeitslosigkeit: Sie war ein Begleitphänomen der heilsamen »Globalisierung der Marktwirtschaft«, der kybernetisch erstrahlenden »dritten industriellen Revolution«. Heute ist sie eine Folge der »Unbelehrbarkeit der Betonköpfe«. Gemeint sind die Gewerkschaften.

5.

Im Falschwörterbuch der Sozialreformen gehört den Gewerkschaften eine eigene Abteilung. Sie trugen bis vor vier Wochen den Schimpfnamen »Egoisten« – weil sie sich nur um die Stammplätze der Arbeitenden kümmerten, nicht um Billigjobs für Arbeitslose. Einerseits: Es ist keine Schande, sich um die Arbeitenden zu kümmern, sie machen immerhin noch, Kinder und Greise abgerechnet, 92 % des Volkes aus. Andererseits: Wie die Wirtschaft sich um die Arbeitslosen kümmert, ist recht eigenartig. Durchlöchert werden ja nicht nur die Flächentarifverträge der Arbeitenden (= »Diktat der Tarifkartelle«), sondern auch die drei Lebensgrundlagen der Arbeitslosen: Arbeitslosengeld, Arbeitslosenhilfe, Sozialhilfe.

Streiten aber die Gewerkschaften (neuerdings) für die Arbeitslosen – dann werden sie aus »Egoisten« nicht etwa zu »Altruisten«, sondern zu »Blockierern«, »Bremsern«, »Besitzstandwahrern«. Der neoliberale Fortschritt, genannt »Belebung des Wachstums«, verlangt es, die Kluft zwischen Reich und Arm zu vergrößern. Kein Politiker, nicht Merz noch Merkel, kann es sich leisten, das klar auszusprechen. Auch die Medien überfällt eine plötzliche Dezenz. Nur einige gutversorgte Wirtschaftsforscher trauen sich, keine Hand vor den Mund zu nehmen. So der Vorsitzende der Sieben Weisen Wiegard: »Unsere Empfehlungen laufen vorerst auf eine größere Spanne zwischen den viel und den wenig Verdienenden hinaus.«

Die Kluft zwischen Viel und Wenig wird am dichtesten mit Falschwörtern umstellt. »Reich« und »Arm« dürfen öffentlich nicht gesprochen, nicht geschrieben werden. Der Ersatz-Terminus heißt »Besserverdienende«. Er verrät sich als Lügenprägung dadurch, dass er seinen Gegenbegriff ausschließt. »Schlechterverdienende« gibt es nicht: Armut soll weder als Faktum der Gegenwart noch als Bedrohung der Zukunft wahrgenommen werden. Schießt aber damit die Wirtschaft nicht über ihr Ziel hinaus? Sind ihr die Armen, außer wenn verelendet, nicht lebenswichtig? Die deutsche Volkswirtschaft krankt daran, nur noch vom Export, nicht vom Binnenmarkt zu leben. Die Milliarden, die man an den Ärmsten spart – nimmt man sie nicht dem Binnenmarkt weg?

Ich kenne keinen Schlecht- oder Nichtverdienenden, der seinen Überfluss in den Ausbau des Gästetrakts seiner Villa auf Mallorca steckt, ihn nach Luxemburg verschiebt oder bei der Crédit Suisse verzinsen lässt. Eine größere Gruppe unserer Mitbürger gibt ihren Überfluss auch nicht (wie ich) per Internet für Bücher aus Madrid, DVDs aus London, Klassik-CDs aus New York aus. Die Leute haben keinen Überfluss. Der Minilohn der Ungelernten, das Arbeitslosengeld des Arbeitslosen, die »Stütze« der Rentnerin – sie gehen in Miete und Brot, in ein Paar Jeans oder No-name-Turnschuhe im Jahr. Was solche Leute jetzt verlieren sollen, verliert, Cent für Cent, der Binnenmarkt. Der Hinweis auf diesen Umstand heißt auf Falschdeutsch (im Wirtschaftsteil dieser Zeitung): »das unselige Kaufkraftargument«.

Ob wir die »größere Spanne« zwischen Viel und Wenig wollen: daran muss sich entscheiden, ob wir die neue Sozialwelt begrüßen oder verwünschen. Dem Bürger wird schwer gemacht, zu diesem Scheideweg vorzudringen. Denn unsere Leitartikler und Talkmaster suchen die Spannung beim Schröder-Schlachten immer noch nicht in dem Problem, ob die »Agenda 2010« der Einung oder Spaltung der Nation dient – sondern ob der Kanzler seine Partei dazu kriegt, sie in voller Schärfe anzunehmen. Jetzt und in den nächsten Jahren wird es aber auf zwei Fragen ankommen: Mit wie viel Spaltung zwischen Reich und Arm kann eine Demokratie leben? Und: Wie viel Desinformation des Volkes verträgt eine Demokratie, ohne dass die Volks-Herrschaft daran, blind und lahm geworden, zugrunde geht?

UNGLEICHHEIT UND TERROR

Frankfurter Allgemeine Zeitung, 5. August 2003

Das siegreiche Ende des Irak-Krieges wurde von Präsident Bush am 1. Mai 2003 verkündet. Von Juni bis August schien der Widerstand im Irak fast unbedeutend. Im September, wenige Wochen nach Erscheinen dieses Aufsatzes, ließ er sich nicht mehr übersehen. Zählt man Tote und Verwundete seither monatlich zusammen, sind die Verluste der US-Armee im ständigen Steigen. Die Zahl ihrer Ermordeten seit Kriegsende ist (zur Jahreswende 2003/04) dreimal so hoch wie die Zahl ihrer Toten im Krieg.
Sind aber die Attentate im Irak überhaupt einer täglichen, bald panischen, bald hämischen Berichterstattung wert? Insgesamt starben im Krieg und in den Kriegsfolgen etwa 500 Amerikaner. Die Zahl der toten Iraker (Soldaten, Partisanen, Zivilisten) wird wechselnd auf 20 000 und 50 000 geschätzt.

Er will endlich vorbei sein. Der Irak-Krieg sucht wie eine aufgestörte Ratte, sich mit irrer Eile in die Vergangenheit zu fressen. Es gelingt ihm nicht. Der Sieg, mit dem Kriege sonst enden, hält diesmal fest: die hassgeteilte Erdkugel und unser schockhaft erschüttertes Bewusstsein vom begonnenen Jahrhundert. Verwirrung, Misstrauen, Furcht ordnen sich unter dem Schlaglicht der beiden Fragen, die vor dem 11. September fast keiner, im Afghanistan-Krieg schon mancher zu denken begann – und die sich heute jedem aufzwingen: Wie werden wir leben unter der Dominanz eines einzigen Staates, der mit unvergleichlichen Machtmitteln und stupender Anmaßung herrschen will und herrscht? Und: Werden sich Herrschaft und Terror ausschließen oder ergänzen?

1.

Anderthalb Jahre hat es gebraucht, das Gefüge des Politischen und unser regulierendes Bild von ihm umzustoßen. Zwischen Oktober 2001 und März 2003 waren die USA laut Umfragen (ob in Deutschland oder in der Türkei) von »unserem besten Freund« zur »größten Gefahr für den Frieden« abgestürzt. Ein weiterer Stoß und Sturz dürfte noch schmerzlicher werden. Mit dem veränderten Begreifen der äußeren Welt ändert sich auch das Selbstverständnis unzähliger Einzelner. Ihnen könnte, was »Terrorismus« heißt, nicht mehr als Wahn und Verbrechen vorkommen, sondern als schlüssiges Bekenntnis: eine Ethik des Widerstands, so gottesfromm wie realitätsgerecht.

»Der Irak-Krieg zeugt tausend Osama bin Ladens.« Staatschef Mubarak warnte mit schlotternder Stimme davor, was Diplomaten, Juristen, Politikforscher in Ost und West lange voraussagten: Amerika gewinnt; und sein Triumph wird die Anschläge von Seattle über Fès bis Djakarta vermehren. Schneller noch als die Zahl der Terrorakte drohen Selbstgefühl und Ansehen der Terroristen zu wachsen. Keinem IRA- oder ETA-Mörder war es gelungen, sich zum universalen Vorbild aufzuwerfen. Polizisten aus dem Hinterhalt zu erschießen, Richter von Autobomben zerreißen zu lassen, erschien nicht nachahmenswert. Jetzt aber häutet sich, nicht nur für anderthalb Milliarden Moslems, der lokale Verbrecher zusehends zum allgemeinen Helden.

Das Pew Institut für Meinungsforschung in Washington stellte Probanden aus 21 Nationen Ende Mai die Frage, von welchen vier Staatsmännern sie glaubten: »Sie tun das Richtige.« Bush steht an erster Stelle nur in Israel, an zweiter (nach Blair) in den USA und Kanada, an dritter in Nigeria; Scharon an dritter in Israel und den USA. Dagegen: Arafat ist Erster in Indonesien und der Türkei, Zweiter in Palästina, Dritter in Pakistan und Marokko. Der erste Platz in Palästina aber, der zweite in Pakistan, Marokko, Jordanien, der dritte in Indonesien gehören – Osama bin Laden. Zwingen wir die Tatsache in unsere Köpfe: Hunderte Millionen Menschen wählen Osama oder Arafat zu ihrer politischen Leitfigur. Sie haben Vertrauen zum Terror. Nur zum Terror haben sie Vertrauen.

Diese Regierung der Vereinigten Staaten, die ein Unglück für die Welt ist, hat der Welt durch zwei Kriege eine Deutung aufgedrängt: Das Wesen der Beziehung zwischen Zivilisationen, Staaten, Menschen sei Ungleichheit. In

Afghanistan sind bis zum Sieg sieben Amerikaner umgekommen: Drei stürzten durch eine Panne ihres Hubschraubers ab; drei wurden von der eigenen Truppe abgeschossen; der siebte, ein CIA-Agent, begab sich unter eine Masse von Gefangenen und wurde gelyncht. Tausendmal so viele Afghanen starben im Krieg (ein effizienteres Täter/Opfer-Verhältnis als im World Trade Center), noch mehr durch die Folgen. Die ähnliche Disproportion im Irak-Krieg wirkt aber ungleich krasser; denn seine Einsichtigkeit und Rechtmäßigkeit sind ungleich schwächer.

Worauf zielen Schaffung und Zurschaustellung eines exorbitanten Machtgefälles? Furcht bahnt den Weg zur Alleinherrschaft. Gegen die USA einen Krieg zu wagen, soll heißen: Selbstmord begehen. Dem Terror beliebt es aber, Ideen und Waffen seines Feindes umzudrehen: Nur als »Aufstand der Selbstmörder« gewinnt er eine Chance gegen Amerikas »Krieg ohne Tote«. Wut und Witz dieser Umdrehung, Perversion, werden einen wachsenden Teil der Menschheit faszinieren. Die grässlichsten Attentate mögen dabei nicht einmal im Alltagselend des Iraks geschehen (seit Kriegsende durchschnittlich 13 Überfälle am Tag, 300 GIs tot oder verletzt). Im fernen Marokko oder Indonesien kann die Lehre noch verführerischer erglänzen: zerrissene Eingeweide gegen perfekte Maschinen.

Der Kriegsverlauf im Irak geriet zur puren Beweisführung von Ungleichheit – im Namen egalitärer Demokratie. Der Terrorist verhöhnt die Fiktionen der Gleichheit. Der Ungleichheit dankt er nicht nur die suizidale Strategie, sondern seine Ethik: Pflicht des Ohnmächtigen, den Mächtigen zu vernichten. Kann aber Mord-durch-Selbstmord Kants »Grundgesetz aller Ethik« erfüllen: »Handle so, dass die Maxime deines Willens jederzeit als Prinzip einer allgemeinen Gesetzgebung gelten könne«? – Ja: Denn der neue Terrorist ist aus dem verworfen Partikulären ins Allgemeine (aus der Zelle ins TV-Manifest) hervorgetreten. – Nein: Denn der Weltbürgerkrieg, dem er sich verschrieb, kennt keine »allgemeine Gesetzgebung« mehr; sondern, »jederzeit«, zwei entgegengesetzte Gesetze.

Situation und Ethik greifen in Krisen wie Frage und Antwort ineinander: Der gespaltenen Welt scheint nur eine gespaltene Ethik angemessen. Dem Einen müsste sogar jedes Gebot als unwahr gelten, das ebenso für den Anderen gilt. Doch selbst die Spaltungssucht des Terrors verkehrt nur zerrspiegelbildlich jene Spaltung der Menschheit in Gut und Böse, die sein Feind feierlich erklärt hat: »Either you are with us, or you are with the terrorists.« Bush und bin Laden einigen sich auf diesen Satz als Glaubens- und Arbeitsgrundlage. Gut und Böse scheiden sie mittels christlich-moralischen Universalismus, islamisch-schriftfrommen Partikularismus. Doch beider Gewissheit, Selbstrechtfertigung, löst sich in Lüge auf.

Bushs Universalie »Freiheit« maskiert das Teilinteresse amerikanischer Marktbeherrschung; bin Ladens Partikularwahrheit »Widerstand« dient totalitärer Taliban-Theokratie. Der Irak-Krieg hat jetzt schon ein doppeltes Unheil bewirkt. Er hat die Ethik des Mächtigen zu Gewinngier und Gewaltshow degradiert; und das Verbrechen des Ohnmächtigen zur Ethik aufgewertet. Staatsmacht macht sich verwandt mit Sektenterror, da sie das Fundament mit ihm teilt: weltweite Ungleichheit. Nach Tagen und Monaten, in denen Politiker-Reden wie heuchlerische Propaganda tönten, überzeugt nur noch der rüde Zynismus des Farcendichters Ustinov: »Terrorismus ist der Krieg der Armen; Krieg ist der Terrorismus der Reichen.«

2.

Was heißt »Ungleich« in der Machtpraxis – was im Rechtsverständnis? Die USA unterhalten Stützpunkte in vierzig Ländern. Sie werden 2004 einen Wehretat von 400 Milliarden Dollar (ohne Kriegsfolge- und Besatzungskosten) haben: mehr als die achtzehn auf sie folgenden Länder – so Russland, China, Japan, Indien, Großbritannien, Frankreich, Deutschland – zusammen. Die Vereinigten Staaten gründeten sich 1776 im Namen der »Selbständigkeit und Gleichheit der Völker«. Können sie noch für dieses »natürliche und göttliche Recht« einstehen – und maßlose Mittel aufwenden, um sich über die Gleichheit und Selbständigkeit aller anderen zu erheben? Die drei Systemstützen der Neuen Strategie vom 17. September 2002 sind drei Privilegien, mit denen die USA sich aus dem Kreis der Völker und ihres gemeinsamen Rechts verabschieden: Vollmacht zum Präventivkrieg; Vertragsfreiheit in der Atomrüstung; Immunität gegen das Internationale Strafgericht. Befragen wir sie der Reihe nach.

Erschrockene Völkerrechtler malen sich aus, was geschähe, wenn Indien gegen Pakistan (oder China gegen Indien) sich einen *Präventivkrieg* anmaßte. Sie unterschätzen Bushs »National Security Strategy«. Das Recht auf Strafüberfälle gegen selbsterwählte Feinde hat Amerika allein. Wie Macht Recht schafft und abschafft, beginnt sich hier abzuzeichnen. Denn die Empfehlung von Präventivkriegen tauchte zuerst in jener »Defense Planning Guidance« auf, die Rumsfelds heute engster Mitarbeiter Wolfowitz 1992 für den damaligen Kriegsminister, heutigen Vizepräsidenten Cheney entwarf: Ziel von Rüstung und Politik der USA sei, ihre mit dem Zerfall der Sowjetunion gewonnene Welt-Entscheidungskraft zu erhalten und (auch gegen Verbündete) auszuweiten. Darum sei es ratsam, dem Besitz atomarer, auch biologischer, chemischer Waffen durch andere Länder bei Bedarf mit Krieg vorzugreifen.

Atomrüstung ist der Hebel globaler Entscheidung. Bushs Kriegsvorwand, dem Irak Atomwaffen zuzuschreiben, war gefälscht – seine Sorge um fremde Atomwaffen ist echt. Bei seinem Amtsantritt im Januar 2001 kündigte er, sofort und einseitig, den »Anti-Ballistic Missile Treaty« mit der Ex-UdSSR. Das ABM-Abkommen verbot beiden Atommächten, um der gegenseitigen Abschreckung willen, jede umfassende Raketenabwehr. Drei Jahrzehnte lang wurde das, trotz Reagans Leidenschaft für »Star Wars«, in keinem der Rüstungsbegrenzungsverträge (ob SALT oder START) angefochten; bis Bush/Cheney/Rumsfeld es taten. Der Raketenschild über *einem* Land täuscht nur vor, defensiv zu sein. Ob technisch machbar oder nicht: Intentional heißt er, dass Amerika mit Atomwaffen angreifen, aber nicht angegriffen werden kann. Das Pentagon gewönne so das Atombombenmonopol der Zeit von Hiroshima zurück. Dem A-Waffenverbot gegen Kleinstaaten, *non-proliferation*, obläge dann nur noch, Amerikas Stützpunkte (und Truppenaufmärsche zu neuen Präventivkriegen) im fernen Ausland zu schützen.

Amerikas politisch-militärische Führer setzen sich mit ihrer Bereitschaft zu Angriffskriegen stets einem Prozess als »Verbrecher gegen den Frieden« aus. Sie haben die besten schlimmsten Gründe, dem *Internationalen Strafgerichtshof* die Anerkennung zu verweigern. Gegen dessen Römische Statuten stimmten 1998 nur sieben Staaten: USA, Irak, Libyen, Israel, Katar, Jemen, China. Clinton unterschrieb dennoch die Statuten; Bush annullierte (einmalig bei einer UN-Konvention) seines Vorgängers Unterschrift. Sodann haben die USA alle ihre Behörden, auch Gerichte, durch Bundesgesetz verpflichtet, auf keine Weise mit dem Internationalen Strafgerichtshof zusammenzuarbeiten. Im August 2002 wurde der Präsident ermächtigt, US-Staatsdiener, falls vor das Internationale Gericht gestellt, mit Waffengewalt zu befreien. Diesen »Servicemens' Protection Act« nennen Mitglieder des Kongresses »im Spaß« (laut *CNN*): »Gesetz zum Überfall auf Den Haag«.

Ermächtigung zum Präventivkrieg; Perfektionierung der Atomabwehr; Nichtanerkennung des Internationalen Gerichts: Schon ihr bisheriger Gebrauch enthüllt mit bizarren Widersprüchen, dass sie auf Ungleichheit, zwischenstaatliche Rechtlosigkeit zielen. In umgekehrter Folge: 1) Die USA zwingen Rest-Serbien, alle Kriegsverbrecher an Den Haag auszuliefern – bis dahin bleibt ihre zugesagte Finanzhilfe gesperrt. 2) Eine Verzichterklärung auf atomaren Erstschlag sei »unüblich«, ließ Rumsfeld vor dem Irak-Krieg wissen; auch arbeite man (beim Besitz von über 10 000 Sprengköpfen) an »neuen, kleinen A-Spezialwaffen«. 3) Die Irak-Prävention wurde mit zwei Täuschungen begründet: Der Feind habe einsatzfähige Massenvernichtungswaffen; er sei dabei, sie an Terroristen weiterzugeben. Bush hält bis heute daran fest, der Irak habe seine ABC-Waffen so gut versteckt, dass er sie auch im Notfall nicht wiederfinden konnte. Oder aber: Hussein habe sie besessen und (trotz Todesdrohung für sich, seine Familie, sein Regime) nicht eingesetzt. Würde ihm Amerika dafür nicht endlosen Dank schulden – und Norwegen den Friedens-Nobelpreis?

3.

Ein einziges Argument reicht aus, um Amerikas Politik der Ungleichheit zu rechtfertigen: Übermacht gehört zu jeder Staatsgewalt, Ordnungsgewalt, die Verbrecher verfolgt. Bushs Amerika versteht sich im Kampf gegen den Terror als eine Art Weltpolizei gegen eine Art Weltmafia. Eine simple Wahrheit begründet diesen Auftrag: Das Morden begann ja nicht mit der Afghanistan-Vergeltung, nicht mit der Irak-Willkür, sondern mit den Verbrechen am 11. September. Keiner würde Schlagkraft und Effizienz der Polizei in der Bekämpfung von Kriminalität beanstanden – zu Recht dagegen ihre Ineffizienz.

Die Löcher dieses Arguments zeigen sich nach beiden Seiten: beim »Polizisten« und beim »Verbrecher«. Der Weltpolizist Amerika erklärte gleich bei seinem ersten strittigen Einsatz, dem Irak-Krieg, dass er sich weder einer Weltlegislative (den Vereinten Nationen) noch einer Weltexekutive (dem Sicherheitsrat), noch einer Weltjustiz (dem Internationalen Strafgericht) unterstellt. Der Ordnungshüter agiert in seinem Revier Erdkugel ohne Bindung an eine Verfassung. Schafft er so einen Weltrechtsstaat oder einen Weltpolizeistaat?

Die weltweite Wahrung von Ruhe und Ordnung einem Einzelstaat zu übertragen, wäre stets ein Fehler; keinem Staat bleibt das Dilemma zwischen Eigen- und Weltinteresse erspart. Gerade die US-Armee aber ist sogar innerstaatlich der Kontrolle ihrer Legislative enthoben: Der Kongress trat seine Befugnisse zur Irak-Kriegserklärung schon im Herbst 2002 an den Präsidenten ab. Davor verschob der »Patriot Act« Rechte der Bürger und Kompetenzen der Justiz – im »Krieg gegen den Terror« – an den Generalstaatsanwalt, das Militär, die Bundespolizei: also ebenfalls ins Belieben des Präsidenten.

Amerikas Vorgehen im Irak-Krieg bejahen heißt (wörtlich, nicht demagogisch): dem Präsidenten der USA universale Ordnungsgewalt, sprich, unkontrollierte Globalherrschaft anzuvertrauen. Giorgio Agamben hat Recht (*FAZ*, 19. April 2003): Da Bush einen langjährigen Krieg gegen den Terror voraussagt und propagiert, kommt seine »Stunde der Exekutive« einem Ausnahmezustand ohne Ende gleich. Er wird nicht über die USA, sondern über den Globus verhängt. – Brachte aber der erste Versuch dieses Notstands, der Irak-Krieg, überhaupt einen Sieg über »Verbrecher« und »Verbrechen«?

Es geht nicht an (zur Rechtfertigung dieses Krieges), die blutige Staatsherrschaft einer Diktatur mit der Staatsleugnung, Staatssprengung des Terrorismus zu verwechseln. Der Irak-Krieg hat ein Land ohne Terror – im strengen Wortsinn – in ein Land täglichen Terrors verwandelt. Bush/Cheney/Rumsfelds Glaube, durch Angriffe auf »Verbrecherstaaten« den Terrorismus abzuwürgen, ist eine tödlich-naive Illusion. Nicht weil man Al Capone keineswegs durch Bombardierung von Chicago überwand. Sondern weil die Demonstration amerikanischer Weltherrschaft niemals eine Bewegung beenden kann, deren Anlass und Zielscheibe eben Amerikas Weltherrschaft ist.

4.
Wir werden mit dem Terror leben müssen. Nur macht es viel aus, ob die Kandidaten für künftigen Terrorismus anderthalb Milliarden Menschen sind oder einige Freaks, die dem Irrenhaus oder dem Gefängnis entgingen. Die Ethik von Mord-durch-Selbstmord aber wird erst zusammenbrechen, wenn wir alles daransetzen, die Ungleichheit zu mindern, statt, wie Bushs Amerika, sie zu monumentalisieren. – Und: Wir müssen mit dem Terror leben, ohne unsere Lebensformen selber zu zerstören. England hat den IRA-Terror ohne Opferung des Rechtsstaats überstanden – als es den irischen »Feind« anerkannte, statt ihn, wie Jahrhunderte lang, vergeblich auszuhungern, zur Auswanderung zu treiben.

Selbst wenn die böse Ungleichheit zwischen Völkern und Kontinenten abnimmt, wird bleiben: ihre Ungleichzeitigkeit. Der gleiche Raum Erde wird von Menschen geteilt, die in verschiedenen Ären leben. Die Differenz soll respektiert, nicht ökonomisch, militärisch niedergekämpft werden. Leben mit dem Terror muss heißen: Stärkung der regionalen Eigenkraft sittlicher, gesellschaftlicher Bindungen unter dem Vorbehalt allgemeinster Menschenrechte. Solange Globalisierung sich als Kappung solcher Bindungen zugunsten entgrenzter Marktwirtschaft versteht, wird sie den lästigen Begleiter Terror nicht loswerden. »Freie« Wirtschaft ohne erarbeiteten Gemeinsinn und Rechtsstaat zeugt (siehe Russland) eben die Kriminalität, die Amerika zu verfolgen meint: mafiose Herrschaftsnetze, Ausbeutung *und* Terror zugleich.

5.
In den Medien wie in der Politik Europas mehren sich die Stimmen: Die Gegner des Krieges sollen nun die Schäden des Krieges (und die zwölfjährigen Verwüstungen des Irak-Boykotts) mit beheben. Ob aus Mitleid mit den armen Irakern oder den armen Amerikanern, ob mit oder ohne UNO-Aufsicht – dieses Vorgehen wäre aberwitzig. Es spielt sich als mutige Realpolitik auf und ist feiger Opportunismus. Mit ihm würden Schröder, Chirac und ihresgleichen all ihre Glaubwürdigkeit verschleudern: nicht nur in Deutschland und Europa, vom Nahen bis zum Fernen Osten – sondern vor allem in Amerika.

Politik ohne Moral ist grundschlecht: nicht nur moralisch, sondern auch politisch. Wollten Frankreich, Deutschland (mit welchen Helmfarben auch immer) in die Rolle einer gehassten Besatzungsmacht einspringen, wäre das nicht nur würdelos, sondern auch schädlich. Nach innen: Sie zögen Attentäter auf sich – und würden dann die eigenen Bürgerrechte (mit Sarkozy und Schily als unsere Ashcrofts) schnell und wirksam beschneiden. Nach außen: Ihre Anbiederung und Erniedrigung müssten bewirken, dass der Regierung und dem Volk Amerikas jede Lektion des verrückten Irak-Kriegs erspart bleibt.

Falls Europa für Amerikas gefährliche und rechtswidrige Kriege die Guerillarisiken mitträgt und die Besatzungskosten mitzahlt – dann kann und wird Bushs Regierung bald zum nächsten Krieg blasen. Die Herrscher des mächtigsten Volkes müssen lernen, dass selbst Amerika es nicht vermag, allein über die Welt zu bestimmen. Und: Das tüchtigste Volk der Gegenwart muss erkennen, dass es sein Lebensinteresse ist, seine jetzigen Herrscher möglichst bald loszuwerden. Das Volk ist, wenn Umfragen nicht trügen, auf dem Weg zu dieser Erkenntnis. Wie kämen wir dazu, uns hier einzumischen?

Von den Kriegsgründen ist nichts übrig geblieben als der »Enthauptungsschlag« gegen Iraks Regime – ähnlich dem, den Al-Qaida gegen das Pentagon und das Weiße Haus plante. Amerikas Anmaßung, jede ihm nicht passende Regierung auszuwechseln (gewählte Herrscher wie Mossadegh, Allende, Arafat oder Gewaltherrscher wie Hussein) – sie könnte nicht nur verwerflich sein. Doch leider versäumen die USA, die beiden Regierungschefs abzulösen, die weltweit am meisten für die Ausbreitung des Terrorismus tun: Ariel Scharon in Jerusalem, George W. Bush in Washington. Bush und Scharon, Scharon und Bush: Sind sie Osama bin Ladens beste Agenten?

TÖTEN IST KONKRET

(Für Susan Sontag)

Gesprochen in der Paulskirche am 12. Oktober 2003

Die Amerikanerin Susan Sontag erhielt den Friedenspreis des deutschen Buchhandels 2003. In der Begründung heißt es: »Durch ihre Arbeit, die nie das europäische Erbe aus dem Blick verlor, ist sie zu der prominentesten intellektuellen Botschafterin zwischen den beiden Kontinenten geworden. In einer Welt der gefälschten Bilder und der verstümmelten Wahrheiten ist sie für die Würde des freien Denkens eingetreten.«
Die folgende Laudatio wurde zur Verleihung des Friedenspreises in der Paulskirche zu Frankfurt gesprochen. Das unausgesprochene Motto der Rede war ein Satz Susan Sontags: »Jedes Wort über jeglichen Krieg, das die bestürzende Konkretheit der Verwüstung und des Tötens vergisst, ist eine gefährliche Lüge.« Vonnöten ist hier und heute: keine Theorie des Krieges.

Fühlen und Denken im Kind beginnen oft mit dem Tod eines Anderen. Fühlen und Denken derer, die um 1930 in Europa geboren wurden, begannen mit der Tötung von 50 Millionen Anderen. Der Zweite Weltkrieg und die Schoah standen am Eingang unseres bewussten Lebens: Völkermord mit der Waffe oder mit Zyklon B.

1.

Die Friedenspreisträgerin von heute wurde vierzehn Tage vor Hitlers Machtergreifung geboren. Im Juli 1945 sah die Zwölfjährige in einer Buchhandlung von Santa Monica die Fotografien der befreiten, zum Skelett ausgehungerten Häftlinge von Dachau und Bergen-Belsen. Sie beschrieb später diesen Augenblick: »Mein Leben wurde gespalten in die Zeit, bevor ich die Bilder sah, und in die Zeit seither. Es war eine Art Offenbarung, die mich in zwei Hälften riss, eine Offenbarung von Gottes-Absenz. Die Wunde schnitt so tief, weil ich in der Kindheit nie Gewalt gesehen hatte.«

Während Susan Sontags behüteter, eintöniger Kindheit in Arizona und Kalifornien waren 300 000 amerikanische Soldaten gefallen. Aber die Schlachtfelder zwischen Okinawa und Dessau lagen an die zehntausend Kilometer weit von den Palmen und Stränden von Santa Monica. Amerika war kein Schauplatz, nicht der Leidensraum des Krieges. Die Offenbarung des Grauens, das Menschen einander antun, brach über das Kind als Bild aus Europa herein. Diese Höllen-Dokumentation erzwang zwei Entscheidungen: ihr lebenslanges Befragen von Fotografie und Erfahrung, von Abbildung und Schrecken; und eine weitere Teilung ihres bewussten Lebens, nicht in ein

Davor und Danach, sondern ein Hier und Dort: Amerika und Europa.

Kaum jemand hat die Herrschaft der Bilder über das moderne Leben komplexer bedacht als Sontag in ihren Schriften über Fotografie. Aber durch alle Vielfalt dieser Schriften zieht sich jenes erste, singuläre Erlebnis als Impuls und als Gegenstand: »Ich dachte vor diesen Bildern: Das ist Wirklichkeit. Wirklichkeit heißt, dass Menschen zur extremen Grausamkeit bereit sind. Ich dachte: Das darf ich nie vergessen.« In ihrem allerersten Essay über Fotografie, gedruckt im Oktober 1973, berichtete sie über jene Begegnung mit Dachau. Und ihr jüngstes Buch, dreißig Jahre danach, trägt den Titel: »Das Leiden anderer betrachten«.

Viele von uns Europäern haben viel getan, um von unserer Initialerfahrung von Krieg und Schoah wegzudenken, wegzuleben. Sie aber, die geborene Amerikanerin, wurde zur gelernten Europäerin, um diese Erfahrung sich anzueignen und nie mehr zu vergessen. Erkenntnis ist Pflicht: Seitdem Sontag schreibt, sucht sie in geistigem Wagnis, oft in physischer Gefahr, nach *dem* Punkt, von dem aus die Wirklichkeit dieser Zeit sich am schärfsten, schmerzlichsten einsehen lässt. Dieser Aussichtspunkt, Einsichtspunkt verpflichtender Erkenntnis hat für sie einen geografischen Ort: an der Trenn- und Berührungslinie von Amerika und Europa. »Wirklichkeit« aber heißt immer wieder, wie in jenem unauslöschlichen Schreckensmoment: Krieg unter Staaten, Mord unter Ethnien.

Sontag fuhr nach Nord-Vietnam während der Luftangriffe von 1968 und 1972, nach Palästina während des Jom-Kippur-Kriegs 1973 und wiederholt nach Bosnien von 1993 bis 1995. Sie hat die Angst vor starr rhythmisierten Bombeneinschlägen gelernt und die größere Angst vor verrückten Heckenschützen. Sie hat ein Recht zu sagen: Die Welt ist gespalten in Menschen, die den Krieg kennen – und die ihn nicht kennen. Die größte Angst aber in diesen letzten Jahren gilt einer unaufhaltsam fortschreitenden Gefahr: dass die Herrschaft über Völker, Armeen, Konzerne in die Hände von Menschen übergeht, die den Krieg nicht kennen.

Dem, der dessen Greuel ignoriert, fällt es leicht, sie zu entfesseln. Wir alle sahen das Foto des einzigen Mannes, der kraft parlamentarischer Vollmacht und militärischer Macht jederzeit an jeder Stelle des Globus einen Krieg beginnen und siegreich beenden kann. Dieser Mann zeigte sich am 1. Mai, um den Frieden zu verkünden, auf dem Deck eines Kriegsschiffes in Kampffliegeruniform – obwohl er sich in jungen Jahren, den letzten des Vietnam-Krieges, vor jedem Kampfeinsatz drückte. Er hielt sich damals heraus nicht als einer der straffälligen Kriegsdienstverweigerer, die zu Tausenden ihrem Denken und Gewissen folgten, sondern als der Sohn eines reichen, sehr einflussreichen Ölindustriellen und Politikers.

Als der gerühmteste Feldherr des Zweiten Weltkriegs General Eisenhower zum Präsidenten der Vereinigten Staaten gewählt wurde, trat er nie mehr in Uniform vor die Öffentlichkeit. Er demonstrierte, dass der Oberste Befehlshaber laut Verfassung seines Landes kein ernannter Militär, sondern ein gewählter Bürger ist. Susan Sontag fürchtet, und wir mit ihr, dass der noch demokratische Westen militarisiert wird unter dem Walten derer, die den Krieg nur aus Parademärschen, Budgetgefeilsche und Computersimulationen kennen, aber ihre Herrschafts- und Wirtschaftsinteressen bis zu der Massentötung, die sich Krieg nennt, durchzusetzen gewillt sind.

Schon im Oktober 2001 warnte sie: »Sollte es in der näheren Zukunft einen weiteren Anschlag auf dem Boden der Vereinigten Staaten geben, so dürften Mut und Selbständigkeit der Meinungen bleibenden Schaden nehmen. Eine Art Kriegsrecht würde dann verhängt, und die bürgerlichen Freiheiten, zuerst die Gedankenfreiheit, beschnitten.« Und Ende März dieses Jahres, in jenen Tagen des Triumphs, sagte sie bei einer Preisverleihung an israelische Soldaten, die sich weigern, Palästinenser in Palästina zu bombardieren: »In meinem Land jetzt für den Frieden zu reden, heißt, ausgebuht, angegriffen, auf schwarze Listen gesetzt, kurz, als vaterlandslos ausgegrenzt zu werden.«

2.
»Krieg« heißt griechisch: »pólemos«. Es ist gut, ja unentbehrlich, dass er selber zum Objekt kämpferischer Polemik wird. Zwei Zitate mögen uns zeigen, wie gegensätzlich Krieg in dieser Zeit bewertet werden kann.

Das erste Zitat: »Der Eindruck von unserem Land wird rechtens bestimmt von der Wahrnehmung amerikanischer *Macht*: von Amerika als dem Erz-Imperium des Planeten, das die biologische und die historische Zukunft der Menschheit wie King Kong in seinen Klauen hält. Ich glaube, dass die Außenpolitik der jetzigen Regierung zu mehr Kriegen und zu größeren Kriegen führen wird. Unsere stärkste Hoffnung und die wirksamste Einschränkung von Amerikas Kriegslust und Paranoia liegen in der Müdigkeit und Politikverdrossenheit Westeuropas ... sowie in der Korruption und Unzuverlässigkeit unserer Satelliten in der Dritten Welt. Es ist schwer, einen Heiligen Krieg ohne Verbündete zu führen. Aber Amerika ist verrückt genug, es doch zu versuchen.«

Das zweite Zitat: »Die Ansicht ist weit verbreitet: Das hilflose Europa wird in kriegerischen Wahnsinn geschleift vom Bösen Riesen Amerika. ... Der Antiamerikanismus, der den Protest gegen den Krieg nährt, ist in den letzten Jahren in vielen Ländern des Neuen Europa angewachsen. Schwaches Europa? Machtloses Europa? In Wahrheit hat das Wirtschafts-und-Geschäfts-Europa sich selber genau so geplant, dass es unfähig ist, der Bedrohung durch einen Diktator entgegenzutreten. Das ist kein Problem der Schwäche. Es ist ein Problem der Ideologie. Krieg ist kein Irrtum, keine Kommunikationspanne. Es gibt das radikal Böse auf der Welt, und es gibt deshalb gerechte Kriege. Und dies hier ist ein gerechter Krieg.«

Das erste Zitat ist nicht von Noam Chomsky und das zweite nicht von Donald Rumsfeld. Beide Zitate, gegen den Krieg und für den Krieg, stammen von der Trägerin dieses Friedenspreises, von Susan Sontag. Machen die beiden Texte einander unmöglich, machen sie gemeinsam ihre Verfasserin zur Lügnerin? Nein: Sie handeln von zwei Kriegen; und ein massenmörderischer Krieg lässt sich nicht gleichschätzen mit einem Krieg gegen den Massenmord. Der Text voll Zorn und Widerstand gegen Amerikas Kriegsgier und Gefährdungswahn stammt, so heutig er leider klingt, aus dem Jahr 1966, ausgelöst durch Vietnam. Der Text der Empörung über EU-Europas selbstgewollte Blindheit, unmoralische Trägheit entsprang 1999 dem Erlebnis Bosnien und der Realfurcht, dass jene Katastrophe aus verweigertem Mut und Mitleid sich im Kosovo wiederholt.

Die Fährnisse der letzten beiden Jahre verführen dazu, den Riss zwischen Krieg und Frieden mit der Spaltung zwischen Amerika und Europa identisch zu setzen. Weniges ist aber widerwärtiger als die Tagestaktik mancher neupazifistischer Politiker, Amerika zu belehren, welche Überlegenheit an Wissen um den Krieg wir Europäer besitzen. An Erfahrung fehlt es uns allerdings nicht: Europa hat den übrigen Weltteilen den Mord unter Völkern und an Völkern beigebracht, falls sie keine eigene Genozid-Tradition schon hatten. Amerika aber setzte in zwei Weltkriegen dem europäischen Morden ein Ende. Sontag protestierte Jahre *vor* dem 11. September: »Auf beiden Seiten, bei der sogenannten Rechten wie der sogenannten Linken, wird das Identitätsgeschwätz zur Mode.«

Vonnöten sei aber keine flott handhabbare Charakterologie, die Mars und Venus, sprich Imperialismus und Pazifismus, den beiden Erdteilen aufstülpt. Vonnöten ist die immer neue, unnachgiebige Prüfung jedes Krieges, wer immer ihn entfesselt, auf Gerechtigkeit und Ungerechtigkeit. Lassen Sie uns eine Sekunde stocken, um über diese beiden Worte zu erschrecken. Auf Gerechtigkeit und

Ungerechtigkeit soll jeder denkende Bürger jeden Griff zu den Waffen prüfen – nicht etwa auf Rechtmäßigkeit und Unrechtmäßigkeit. Ist aber das entsetzliche Amt eines Richters nicht allein deshalb menschenmöglich, weil es von einem ganzen Gebäude des Rechts gestützt, oft auch eingemauert wird? Dennoch ruft Susan Sontag nicht das Völkerrecht an, wenn es um einen jedesmal anderen Krieg geht – in Vietnam, im Gaza-Streifen, in Bosnien, im Irak.

Geurteilt werden soll nicht im Schutz und im Namen von Paragrafen, sondern von Vernunft und Gefühl des Einzelnen. Eine grässliche Pflicht und Bürde, wenn es um das Sterben von Millionen geht – und um eine Sache, den Krieg, der stets vor Widersprüchen seiner Gründe und Ziele strotzt. Sontags Urteile von Vietnam bis Irak waren gleichwohl nüchtern und klar, auch prophetisch. Sie nahm die Widersprüche in sich auf, machte sie zu Form und Substanz ihres Einspruchs. Ihr Vietnam-Reisebericht sprach die Ratlosigkeit vor fremden Nöten aus – nicht einen fertig mitgebrachten Protest, den es zu propagieren galt. Im Dokumentarfilm »Promised Lands«, den sie in Israel, in Palästina drehte, während die Granaten noch einschlugen, wurde aus den Widersprüchen große Kunst: das heißt, sehende Einfühlung in die Qualen der Anderen.

Schon der Titel »Promised Lands« ist ein Widerspruch. Wem wurde dieses Land »verheißen«? Der Israeli Joram Kaniuk wird befragt und antwortet: »Wir Juden haben grauenhafte Dramen durchlebt, aber wir kannten nicht, wie die Griechen, die Tragödie. Sie besteht, ausweglos, aus zwei entgegengesetzten Rechten. Wir kamen aus Auschwitz; die anderen haben 1500 Jahre in Nablus gelebt und wollen 1500 Jahre dort leben. Die Tragödie, in die wir geraten sind, endet mit dem Tod aller. Oder doch noch mit dem Entschluss, in diesem Land miteinander zu leben?« Wichtiger aber als die Worte sind die Bilder: Bilder als Widerlegung vieler selbstsicherer Worte. Der Film beginnt mit einem Rückblick: einer Gedenkfeier an den Gräbern britischer Kolonialsoldaten – mit vaterländischer Predigt, mit den lieb aufgeputzten, wohlerzogen plaudernden Eltern der Gefallenen, mit der Einladung aller Gäste zum kalten Buffet im Generalkonsulat. Die Kamera aber bleibt auf einer Grabinschrift stehen: *This was my last war*.

Dann kommen Bilder von leeren, zersprengten Panzern und von darin verbrannten Soldaten. Bilder, immer wieder, von Schuhen: Schuhe auf den Füßen von toten Menschen oder verkrümmte, geschossdurchsiebte, vor Dreck oder Blut erstarrte Schuhe, in denen kein Mensch mehr ist. Rock und Hose, wenn in den Wind gehängt, wirken wie eine Person. Der leere Schuh ist ein Loch, ein Nichts, das an keinen Menschen, nur an die Vernichtung des Menschen erinnert. Er kommt aus jenen Schreckensfotos aus Dachau und Bergen-Belsen. Dann füllt sich der Film mit Lebenden: nicht nur mit den kreischenden, rituell klageheulenden alten und jungen Jüdinnen und Araberinnen, die ihre Söhne und Männer und ihre eigene zerstörte Hoffnung betrauern. Nein: Sontag zeigt zärtlich und sogar heiter die jüdischen und arabischen »Zivilisten«, die auf dem Markt einkaufen und verkaufen, die singen, tanzen, reden. Sie könnten miteinander leben.

3.
Susan Sontags Großeltern, vier Juden, kamen aus Osteuropa nach Amerika. Aus Sorge um Israel und Amerika drängt sich ihr die Parallele zwischen zwei katastrophalen Wahnideen, Wahnstrategien auf. Beide suchen Terror mit Militärmacht, mit Besetzung und Beherrschung auszustampfen – statt sich an den Versuch zu trauen, schärfste Ungleichheit der Macht, der Reichtümer und der lebenserhaltenden Hoffnung zu mildern. In jener Preisrede auf Israels Soldaten, die jenseits der Grenze von 1967 nicht töten, auch nicht vergelten wollen, sagte Sontag: »Die Wahrscheinlichkeit, dass eure Akte des Widerstands die Ungerechtigkeit nicht beenden können, erspart euch nicht, so zu handeln, wie ihr es für das wahre Interesse eures Volkes haltet. Es ist nicht Israels wahres Interesse, Unterdrücker zu sein. Es ist nicht Amerikas wahres Interesse, Hypermacht zu sein, die ihren Willen jedem Land der Erde aufzwingen kann, wie es ihr beliebt.« Nur eine Wahnidee, mag man ergänzen, kann zwei Regierungen einflüstern, dass die Demonstration maßloser Übermacht jene selbstmörderischen Taten aufhält, die doch eben diese Übermacht bald zum verzweifelten Impuls, bald zum anbefohlenen Vorwand haben.

Auch hier hat Sontag die Widersprüche in der Sache und im eigenen Herzen nicht verdrängt. Als Demokratin verachtet sie die blutigen Diktaturen der Dritten Welt, als Frau die Erniedrigung der Frau im dogmatischen Islam. Doch als Amerikanerin hasst und fürchtet sie die hysterischen Kriegslügen der Regierenden, als Europäerin die träge Entpolitisierung der Völker, den Ideen- und Mitgefühlverlust ihrer Eliten. Aggression und Indifferenz drohen, aufgeklärte Demokratie, Freiheit und Gleichheit auch in den Herkunftsländern der Demokratie auszuhöhlen. Man hat sie »Botschafterin Europas in Amerika« und eine »Brücke zwischen Amerika und Europa« genannt – die Feindin falscher Metaphern wird sich gegen beide Metaphern wehren. Gewiss, die seit frühester Kindheit Lesebesessene, Lernbesessene hat für Amerika Antonin Artaud und Roland Barthes entdeckt – und eine wundersame, wunderbare Liste von deutsch Schreibenden: Walter Benjamin, Robert Walser, Elias Canetti, Thomas Bernhard, W. G. Sebald. Aber schon davor nannte sie ihre Entdeckung Europas beim Namen: Er heißt der »ethische Ernst« großer europäischer Literatur.

Dessen drohende Verkümmerung, die Liquidierung eines geistigen Alten Europa durch ein nur wirtschaftsvereintes Neues Europa bekämpft sie – nicht als distanzierte Amerikanerin, aber auch nicht als assimilierte Europäerin. »Als Schriftstellerin, als Bürgerin der Literatur, die ein internationales Bürgerrecht ist«, wirft sie uns Europäern vor, dass wir Europa untreu werden. Als »Bürgerin der Literatur« wirft sie Amerika vor, der Kultur feindlich, gegen den Intellekt argwöhnisch zu sein – und darf dabei zugleich Alexis de Tocqueville und Henry Louis Mencken als Zeugen anrufen. Ihre Widersprüche, ihre Suche zwischen allen Fronten wurden ihr von ihren Hassern von rechts und links hämisch vorgehalten, nein: stichhaltig nachgewiesen. Sie ändere ihre Meinung und zwar gerade über ihre wichtigsten Gegenstände: über die Fotografie, über den Krieg. Das ist wahr, sagt sie – und antwortet wieder mit einem Amerikaner und einem Europäer. Henry James: »Nothing is my last word on anything.«

Und, immerhin, Kardinal Newman: »In a higher world it is otherwise, but here below to live is to change, and to be perfect is to have changed often.« – »Vollkommen sein heißt hienieden, sich oft verändert zu haben.«

Sontag zielt nicht auf feste Sätze, die Wahrheit sein wollen. Als Suchende erfährt sie im eigenen Wandel den unaufhörlichen Wandel der Gegenstände; deshalb sind ein großer Teil ihres Werkes: Versuche, Essays. Deshalb erprobt sich ihr Forschen und Erkennen nicht an einer Theorie des Krieges, sondern am stur erfahrungsnahen Befragen jedes Krieges nach Gerechtigkeit und Ungerechtigkeit – und am Befragen jenes täuschend fasslichen Widerscheins der Leiden und Verwüstungen, der Fotografie heißt. Sontags essayistische Suche nach Wahrheit ist nicht immer ein geduldiges Ausprobieren ihrer Gedanken oder gar jenes *trial and error*-Verfahren, das in der Wissenschaft so hoch im Kurs steht. Oft ist diese Suche ein verzweifeltes Um-sich-Schlagen, verzweifelt über den roh schreckenden Weltstoff und unser ohnmächtiges Auge und Gehirn. Ihr Schreiben ist dann nicht durchdringend und klug, sondern zähneknirschend riskant: Niederlage einer Unruhigen gegen das unerbittliche Sosein ihres Sujets.

Nicht im schnellen, brillanten Beurteilen der Taten und Werke also, das ihr gegeben ist, sondern im ständig neuen Ansetzen des Sehen- und Verstehenwollens ist sie, fast wider Willen: ein Vorbild heute für Denkende, Intellektuelle. Vorbildhaft für den Intellektuellen ist noch ein letzter Widerspruch ihrer geistigen Physiognomie: ihre Leidenschaft für das Neue, Entstehende – und ihr Wissen über das Vergangene, Geschichtliche. Was heißt: vorne sein? Es heißt: Im eigenen Gehirn keine Decke, kein Schutzdach der Konvention haben. Es heißt: Die geistigen oder politischen Dinge im noch Offenen sehen, ohne ihre Konsequenzen zu kennen. Konsequenzen sind Einschränkung der Möglichkeiten: Die Zeit nimmt uns die Selektion ab. Wer aber vorne denkt, muss die Wahl selber tätigen, sich und der Welt sagen: Bei Godard oder Resnais, bei Bernhard oder Sebald »passiert es« – und herausfinden nicht einmal, was da passiert *ist* für unser Leben und Verstehen, sondern: was jetzt, noch ungeschützt, passiert. Dennoch und zugleich: Weil die Wandelbarkeit von Sontags Begriffen und Interessen sowohl den Wandel ihrer Erfahrung als auch den Fluss der Dinge nachbildet, zu Form werden lässt, steht neben dem Neuen der verblüffende Reichtum nicht nur ihres historischen Wissens, sondern ihrer geschichtlichen Neugier.

Sie schreibt wechselnd, sich wandelnd sogar über das Unwandelbarste: den Tod. Sie schrieb – in »Krankheit als Metapher« und »AIDS und seine Metaphern« – eine Geistes-Geschichte der Krankheiten, an denen »man« einst und gestern und heute starb und stirbt: Tbc, Krebs, Aids. Auch dem Krieg begegnet sie, indem sie aus dessen Wechsel beweist, dass er nicht einfach Natur ist. »Krieg ist nicht notwendig«, sagt sie, »ist nicht wie das Wetter.« Dass es Kriege immer gegeben hat, spricht nicht für das Absolute, Unentrinnbare des einzelnen Krieges – sondern dafür, dass er darauf angewiesen ist, immer neu erfunden zu werden. Wir mussten soeben sehen, wie ein Krieg, ein unnotwendiger, erfunden worden ist. Wir sollten uns weigern, durch nachträgliche »bündnispartnerliche« oder auch »humanitäre« Beihilfe jetzt schon den nächsten Krieg mitzuerfinden.

4.
Ich will mit zwei längeren Zitaten schließen. Diesmal sind sie nicht von Susan Sontag, und sie widersprechen sich nicht. Das erste Zitat ist von Adorno, aus dem Essay über den »Essay als Form«: »Der Essay denkt in Brüchen, so wie die Realität brüchig ist, und findet seine Einheit durch die Brüche hindurch, nicht indem er sie glättet. Diskontinuität ist dem Essay wesentlich, seine Sache stets ein stillgelegter Konflikt. Im Wort Versuch vermählt sich die Utopie des Gedankens, ins Schwarze zu treffen, mit dem Bewusstsein der eigenen Fehlbarkeit und Vorläufigkeit.«

Das zweite Zitat ist von Lessing, über die Wahrheit. »Nicht die Wahrheit, in deren Besitz irgendein Mensch ist oder zu sein vermeinet, sondern die aufrichtige Mühe, die er angewandt hat, hinter die Wahrheit zu kommen, macht den Wert des Menschen. Denn nicht durch den Besitz, sondern durch die Nachforschung der Wahrheit erweitern sich seine Kräfte, worin allein seine immer wachsende Vollkommenheit bestehet. Der Besitz macht ruhig, träge, stolz. – Wenn Gott in seiner Rechten alle Wahrheit und in seiner Linken den einzigen immer regen Trieb nach Wahrheit, obschon mit dem Zusatze, mich immer und ewig zu irren, verschlossen hielte und spräche zu mir: ›Wähle!‹ – ich fiele ihm mit Demut in seine Linke und sagte: ›Vater, gib! Die reine Wahrheit ist ja doch nur für dich allein!‹«

ATTENTAT UND EUTHANASIE – ZUR DOPPELTEN GESCHICHTE DES SELBSTMORDS

Dankrede für den Ernst-Bloch-Preis, gesprochen im Ernst-Bloch-Zentrum zu Ludwigshafen am 17. November 2003

Und Simson fasste die beiden Mittelsäulen, auf welchen das Haus gesetzt war und darauf sich hielt, eine in seine rechte und die andere in seine linke Hand und sprach: Meine Seele sterbe mit den Philistern! und neigte sie kräftiglich. Da fiel das Haus auf die Fürsten und auf alles Volk, das drinnen war, dass der Toten mehr war, die in seinem Tod starben, denn die bei seinem Leben starben.

(Buch der Richter 16, 29)

Dem Teufel gehört ihr ohne Zweifel; denn in eurem Sterben sucht ihr drei Todesarten: Wasserschlund, Feuer, Abgründe.

(Augustin, Gegen den Donatisten Gaudentius)

Nicht jedes längere Leben ist ein besseres; aber jeder längere Tod ist ein schlimmerer.

Es gibt Denker, die jede Gewalt gegen das eigene Leben verdammen und den Menschen, der sein Leben abbricht, einen Verbrecher nennen. Das Ende sei abzuwarten, das die Natur uns bestimmt. Wer so spricht, merkt nicht, dass er sich den Pfad der Freiheit verstellt.

Das Leben eines Menschen muss auch anderen gefallen; sein Tod nur ihm selbst.

(Seneca, Moralische Briefe, 70)

Warum leide ich? Das ist der Fels des Atheismus. Das leiseste Zucken des Schmerzes, und rege es sich nur in einem Atom, macht einen Riss in der Schöpfung von oben bis unten.

(Büchner, Dantons Tod)

Dass Selbstmord mehr *Gründe* haben kann als Liebesgram oder Bankrott, geht uns Nicht-Selbstmördern schwer genug in den Kopf. Dass Selbstmord aber auch mehr *Ziele* haben kann als das eine, immergleiche, kommt uns vollends unfassbar vor. Es läuft ja jedesmal auf den Tod hinaus, und Tod ist Tod.

1.

Zwei Arten Selbstmord nähren heute brennenden Streit, gerade weil ihre Gründe und Ziele radikal gegensätzlich sind: Märtyrermord des wutbesessenen Terroristen – Sterbebitte des schmerzgefolterten Kranken. Attentat und Euthanasie: Sie entspringen zwei extrem verschiedenen Hirnbildern vom Ich und von der Welt. Wer sich mit dem Entschluss in ein Flugzeug setzt, sich und das höchste Hochhaus um einer heiligen Idee willen zu Fleischfetzen und Metallstaub zu zerreiben – dem wird die Debatte, ob einem Todkranken an seinen Tuben und Drähten erlaubt sei, nur noch an sich selbst zu denken, lächerlich vorkommen. Dem Einzelnen hingegen, der um sein Recht kämpft, den Arzt um den letzten Trank anzuflehen – ihm wird jener Opferpriester und Henker seiner selbst, der zu Gottes und seines Propheten Ehren explodiert, ein ganz Fremder, Anderer: ein Alien dünken.

Nur das Strafgesetzbuch der Kirche macht aus beiden konträren Toden ein und dieselbe »Todsünde«. Dem Christentum zählen der Anschlag auf Fremde und auf sich selbst gleichermaßen als Mord. Ja, der Selbstmord gilt, heilsökonomisch, als sündiger denn der Mord: Der Getötete von fremder Hand kann in den Himmel kommen, der Getötete von eigener Hand nur in die Hölle.

Allerdings wertet auch unser vorgeblich laizistisches Strafgesetzbuch zwar nicht beide Todesarten, doch deren Förderung als gleich kriminell. Strafbar ist nicht die sozusagen private Selbsttötung, wohl aber die »Tötung auf Verlangen« (*StGB § 216, 1*). Strafbar ist gewiss der Terrorakt, aber auch die vage definierte »Unterstützung einer terroristischen Vereinigung« (*StGB § 129a, 3*). Auf beide steht »Freiheitsstrafe von sechs Monaten bis zu fünf Jahren«.

Der Arzt, der dem unheilbar Leidenden auf »das ausdrückliche und ernstliche Verlangen des Getöteten« hin die letale Spritze gab, wird gleich bestraft wie der Chemiker, der dem Attentäter legales TNT beschafft hat.

2.

Freitod ist seit dem abendländischen Mittelalter ein Objekt unausgesetzter Verdächtigung. Begonnen wurde das vom großen Kirchenvater Augustin (»Gottesstaat«, 1. Buch): Die Römerin Lucretia habe sich nicht zum Ruhm ihrer Keuschheit und Ehre erdolcht, sondern, vermutlich, aus Mitfreude, Mitschuld an ihrer Vergewaltigung. Augustin bricht hier mit einer zweifachen Tradition. In der Antike stand der Freitod in hohem, wenn auch präzis umschriebenem Ansehen. Nicht nur galt er (von Sokrates bis Seneca) als würdiger denn die Hinrichtung durch Henkershand. Auch vor anderen Arten des Zwanges – Tyrannei, Gefangenschaft, Vergewaltigung, Versklavung – blieb er die letzte Zuflucht der Freiheit. Doch selbst das Urchristentum war weit entfernt davon, jede Selbsttötung mit Fluch und Bann zu belegen. Der neue Glaube besaß in den ersten Jahrhunderten eine staatsprengende, heil- und endsüchtige Kraft – bis er zur Staatsreligion wurde. Sein Kern war das Harren auf Christi Wiederkehr, auf die Auferstehung der Toten zum Jüngsten Gericht. Seine Helden waren nicht die gewählten Bischöfe an der institutionellen Spitze der Gemeinden, sondern die *confessores*: gott- und selbsterwählte Anwärter auf den Märtyrertod.

Lehrreich dafür sind die Briefe des hochverehrten Ignatius um 107 n. Chr., der beides war, Bischof und Bekenner. Er wurde von seinem Amtssitz Antiochia fortgeschleppt nach Rom, um in der Arena zu sterben. Zwischen zwei konträre Berufungen gespannt, fühlte er sich von zwei Sehnsüchten besessen: dass die Kirche ungespalten bleibt, dass sein Körper in Stücke gerissen wird. Von den sieben Briefen, die er während der Reise mit seinen Schergen schrieb, mahnten sechs die Gemeinden Kleinasiens zur Festigung des Bischofsamtes, zur Verhütung von Schismen kraft kindlichen Gehorsams. Nur ein Brief war an die Gemeinde von Rom gerichtet, nicht ostwärts, sondern westwärts: hin zum Ziel der Todesfahrt. Es ist ein weltsprengender, kein welterhaltender Brief, ohne Lektionen gegen Ungehorsam. Ignatius beschwört seine römischen Glaubensbrüder, ihm ja keine Gnade bei ihrer Obrigkeit zu erwirken. »Ich will Feuer, Kreuz, Ringen mit wilden Tieren, mögen meine Knochen zersplittern, meine Glieder zerfetzt, mein ganzer Leib zu Pulver vermahlen werden – nur lasst mich zu Jesu Christo kommen!« Das Jüngste Gericht wird beginnen, lehrt Cyprian, sobald die Zahl der Märtyrer voll ist.

Tertullian preist um 197 Tod wie Selbsttötung für den Glauben in demselben Atemzug. Er zählt die ganze Liste antiker Selbstmörder rühmend herunter (von Heraklit und Empedokles bis Cleopatra), um sie zu Exempla für christliche Blutzeugen zu erhöhen: »Wenn so viel Kraft des Körpers und des Geistes sich für irdischen Ruhm aufbot – ist sie dann um der himmlischen Glorie willen nicht erst recht angemessen?« Tausende Urchristen zwingen die römische Behörde, sie hinzurichten, indem sie Kaiser und Götter lästern, ihre Statuen zertrümmern. Sie brechen in Gerichtshäuser ein und bringen die Richter mit Todesdrohungen dazu, sie sofort enthaupten zu lassen. »Wenn ihr euch umbringen wollt, dann sucht euch selber Abgründe und Stricke«, schimpft ein von der Sterbewut überforderter Prokonsul: Wie die Empörer, so sehen auch ihre Herrscher Glaubenstod und Selbstmord ineinanderfließen. Erst als Kaiser Theodosius 391 das Christentum zum Staatsglauben erhebt, dessen Gott zum Staatsgott, wird die Trennung zwischen abscheulichem Suizid und heiligem Martyrium fällig. Wer die Demut des Christen und Untertans zum Kitt zwischen Kirche und Reich braucht, muss die rebellische Sprengkraft des Freitods fürchten.

Der Endkampf zwischen Bischof und Märtyrer beginnt um 400: Augustins Abrechnung mit den Donatisten. Die tragikomische Größe dieser Glaubensgemeinschaft entsprang dem Starrsinn, mit dem sie mitten in gegenwärtiger Etablierung sich festklammerte an vergangener Verfolgung. Anlass und Rechtstitel ihrer Abspaltung lagen weit zurück: Vor hundert Jahren, nach den diocletianischen Christenmorden, habe ein Staatsfreund statt eines Verfolgten das Bistum von Karthago erhalten – ein Kollaborateur statt eines Widerstandskämpfers. Die alten Märtyrerwunden werden wutverstockt offengehalten, um sich neue Martyrien abzuringen. Doch weil solche Empörung mittlerweile hoffnungslos überholt ist, peitscht sie sich zu hoffnungslodерndem Extremismus auf. Rückwärtsgewandt zu den großen Märtyrer-Selbstmördern, schaffen die radikalsten Donatisten das Neue: die erste Bauernrevolte voll Endzeitschwärmerei.

Die »Circumcellionen«, meist ins Elend gedrängte Handwerker, Bauern, entlaufene Sklaven, zerreißen Schuldscheine, brennen Höfe ab, spannen die Gutsherren vor die Pflüge. Dann aber, mit dem Jubelruf des Glaubens, stürzen sie sich von Felswänden in Abgründe, von Brücken in reißende Flüsse, springen in selbstentfachte Flammen, um den Weltenrichter Christus herbeizuzwingen. Darauf gibt Augustin die doppelte, Epoche machende Antwort der katholischen Einheitskirche – erstens: Interventionspflicht des Staates gegen Ketzerei, zweitens: Verdammung des Suizids. Zur Verhinderung der donatistischen Selbstmorde schlachten des Kaisers Legionen die Donatisten ab. Dass auf versuchten Selbstmord die Todesstrafe steht – dieses unheitere Paradox blieb in England durch das Mittelalter bis ins 19. Jahrhundert erhalten. Gelingt ein Suizid, wird die Leiche gepfählt, kopfunter an den Galgen gehängt, in die Schindgrube gestoßen. Misslingt er, wird der Überlebende als Mörder hingerichtet.

Der Märtyrer im Innern der katholischen Welt wird nun als sündiger Selbstmörder oder als teuflischer Ketzer entlarvt. (Die Albigenser wurden in der Todesnot zu beidem.) Des Selbstmörders Besitz wird anderthalb Jahrtausende lang vom gierigen Staat beschlagnahmt, sein Gedächtnis noch in Frau und Kind geschändet; der Ketzer wird verflucht, gefoltert, verbrannt. Zum kirchlich gerühmten Märtyrer stieg man fortan nur im Außendienst auf: als Kreuzritter, Konquistador, kurz, als Soldat der siegreichen Kirche – und als Missionar, des Soldaten demütig-blutdurstiger Begleiter.

3.

»Was man den Sinn des Lebens nennt, gibt uns oft einen exzellenten Sinn fürs Sterben«, sagt Camus. Seit etwa 1800 wird der Sinn des Lebens eher bei der Nation als bei der Kirche gesucht. Man stirbt den Märtyrertod für das Vaterland statt für Gott. Die früheste Nation Europas, die Schweiz, hat sich einen Selbstmörder zum Nationalhelden erkoren. In der Schlacht bei Sempach 1380 raffte der Bauer Winkelried die Speere des feindlichen Fußvolks dergestalt in seinem Brustkorb und Bauch zusammen, dass die Eidgenossen in die habsburgische Schlachtordnung einbrechen konnten. Viel harmloser, historiengemäldehafter wirkt jene »schöne Tat«, die Friedrich der Große für seine »Geschichte des Hauses Brandenburg« erfand. Um die aufschießenden Nationalgefühle im vorletzten Moment noch an die Dynastie zu ketten, ließ Friedrich den braven Froben bei Fehrbellin merken, wie die Schweden es auf Friedrich Wilhelm abgesehen hatten, der vorn einen leuchtenden Schimmel ritt. Der Stallmeister brachte seinen Herrn dazu, mit ihm das Pferd zu tauschen, und starb Minuten später. »Der Tod des Gefolgsmanns«, rühmt Friedrich, »rettete das Leben des Fürsten.« Doch der Fortgang war nicht mehr aufzuhalten: Der treue Untertan vererbte seine Selbstmordpflicht dem glühenden Patrioten – längst vor Langemarck.

Die Französische Revolution trieb zwei konträre Bewegungen voran: Emanzipation des Einzelnen – Vergötzung der Nation. 1791 verschwindet Selbstmord als Strafbestand aus dem neuen »Code pénal«: Jeder darf über sein eigenes Leben und Tod verfügen. 1793 wird aber die *levée en masse* erklärt: In der Not der Nation sind »alle Franzosen beschlagnahmt für den Dienst der Armee«. Selbstbestimmung des Individuums und Glaubensdienst am Höheren prallen, wie seit der Spätantike nicht mehr, aufeinander. Doch diesmal stehen nicht Heiden und Christen, Stoiker und Bekenner gegeneinander. Der Konflikt spielt im Innern jedes Bürgers. Im Großen Individuum selbst, zu dem Europa bald aufblickt: in Napoleon stoßen das Private und das Öffentliche, Autonomie und Nationkult exemplarisch zusammen. Mit 22 Jahren verfasst er eine lange Meditation über die Versuchung des Selbstmords. Im Ägyptenfeldzug 1798 trägt er »Die Leiden des jungen Werthers« in der Rocktasche; bei seiner Begegnung mit Goethe 1808 kann er ihm versichern, den Roman siebenmal gelesen zu haben. Das Gesetzeswerk Napoleons festigt den Ausschluss des Suizids von den Straftaten und wirkt Laizisierung, Enttheologisierung des Rechts in Europa.

Als jedoch kurz vor der Gründung der Grande Armée zwei Grenadiere sich aus Liebesleid umbringen, mahnt Napoleon im Tagesbefehl vor Fahnenflucht: »Sich aus Kummer zu töten, heißt das Schlachtfeld vor dem Sieg verlassen.« Gewiss: Der »Code pénal militaire« von 1798, den Napoleon übernahm, ignoriert, wie das zivile Strafgesetz, den Selbstmordversuch als Strafbestand. Doch der Soldat, der zweimal den Tagesappell versäumt (darunter mancher ungeschickter Suizidant), gilt als Deserteur oder Befehlsverweigerer und wird bis zu zwanzig Jahren in Ketten gelegt. Mochte auch jeder einzelne Bürger sich selbst gehören – die Große Armee und jeder Soldat darin gehörte der Großen Nation. Und Soldat war nun wirklich jeder: das Directoire ging auch hier Napoleon voran. Es schuf die Allgemeine Wehrpflicht, indem es die *levée en masse* von ihrer Bindung an einen Notstand löste. Das Gesetz vom 5. September 1798 begann mit dem epochalen Satz: »Jeder Franzose ist Soldat; er gehört der Verteidigung des Vaterlandes.« Nicht Zwang, sondern Nationalruhm war die Seele der Wehrpflicht. Sie machte erst Napoleons Siege, dann die Verluste im Russland-Feldzug möglich: 300 000 Soldaten starben, wie Heines Grenadier, im monströsesten Selbstopfer-Akt der Geschichte.

Erst hundert Jahre später wurde er vom Massenmartyrium des Ersten Weltkriegs überholt: 8,5 Millionen Glaubenstäter, Glaubensopfer brachten sich und einander den Vaterländern dar – mit einem Enthusiasmus, der erst in den letzten Kriegsjahren schwand. – Staatenkrieg und Guerilla-Terror werden von der neueren Kriegstheorie zu Recht in ihrem aktuellen, ausschließenden Gegensatz gesehen. Vergessen wird ihre Ähnlichkeit: die Verfügung des Kollektivs über das einzelne Leben; die Tötungs- und Selbsttötungssucht auch der Volksarmeen, die unendlich mehr Opfer als der Terror fordert. – Es mag zu den wenigen guten Signalen unserer Zeit gehören, dass imperial gesinnte Regierungen sich immer mehr auf Berufsheere statt auf Wehrpflichtige verlassen müssen. Von Afghanistan bis Tschetschenien lernten die Sowjets und Russen, dass selbst in einer Volksarmee besser den Spezialeinheiten (der Berufsarmee innerhalb der Volksarmee) zu trauen sei; die USA beschlossen vollends, zwischen Vietnam und Irak, ihre Militärmacht nur auf gutbezahlte *professionals* – meist aus armen Schichten – zu bauen. Die Völker verweigern sich verstockt ihren eigenen Angriffskriegen; darum kehrt man zu den Söldnerheeren vordemokratischer Zeiten und Staaten zurück.

4.
Selbstmord stellt die Frage: Wer ist der Mensch? Selbstmord stellt schärfer uns in Frage: Wem gehört der Mensch? Gott, dem Fürsten, dem Vaterland – oder einzig sich selbst? Kraft dieser Alternative hat Selbstmord eine doppelte Geschichte.

Die erste Geschichte reicht von Simson in Gaza (mit 3000 zivilen Opfern beim Sturz der Doppelsäule) über die Circumcellionen in Nordafrika, die Albigenser in der Provence, die Kamikaze-Piloten im Pazifik, die Fedayin im Libanon und Israel bis zu den Zerstörern in New York (mit 3000 zivilen Opfern beim Sturz des Doppelturms): Sie handelt vom Herrschaftsrecht des Kollektivs über Helden, die ihrem Gott dienend die Diener eines anderen Gottes, Reiches, Stammes auszutilgen hatten. Die zweite Geschichte handelt, nicht weniger vielfältig, von der Würde des Einzelnen: von den Wahrern mythischen Heldenruhms Herakles und Ajax; vom Römergeist der Lucretia, Cato, Brutus, die für ihre Ehre im Unglück starben; von den Ghetto-Gefangenen, KZ-Häftlingen Celan, Améry,

Levi, die, Jahrzehnte nach ihrer unmöglichen Befreiung, der Bestialität der Welt ein letztes Nein entgegensetzten; und sie handelt von den tausenden anonymen Leidenden in allen Erdteilen, die heute nacht sterben möchten.

Wem gehört der Mensch? Jene erste Geschichte des Selbstmords begründet (oder verwirft) Paulus, der »Sklave Christi«, im Römerbrief: »Unser keiner lebet ihm selber, und unser keiner stirbt ihm selber. Leben wir, so leben wir dem Herrn, sterben wir, so sterben wir dem Herrn. Darum, wir leben oder sterben, so sind wir des Herrn.« Zweitausend Jahre später rechtfertigt Cioran die zweite Geschichte des Selbstmords: »Die Religionen haben uns verboten, durch uns selbst zu sterben; denn sie sahen darin ein Zeichen des Ungehorsams, der Tempel und Götter erniedrigt. Die Welt kann uns alles nehmen, alles verbieten; niemand aber hat die Macht uns zu hindern, uns abzuschaffen.« – Doch wir wissen: Die Kluft zwischen Demut und Trotz ist nicht einfach die zwischen Verdammung und Bejahung des Freitods. Gottesknechtschaft wie Selbstüberhebung strotzen vor inneren Dilemmata. Wir müssen diese befragen, auch wenn wir sie nicht auflösen können.

Die erste Frage: Wenn nicht nur unser Leben, sondern auch unser Sterben Gott gehört – dürfen dann Gott, der Fürst, das Vaterland (die Kirche, der Staat, die Rasse) uns nicht nur für sie zu leben, sondern auch für sie zu sterben befehlen – oder verbieten? Die zweite Frage: Wenn wir nur uns selbst in Freiheit gehören – kann dann nicht das Sittengesetz in uns, so Kant, seine eigene und unsere Liquidierung, den Freitod, schroff verwerfen? Jeder Versuch einer Antwort beweist: Die zwei Fragen lassen sich nur zum Schein voneinander trennen.

5.
Der Einzelne als der reine Er-Selbst ist eine Fiktion. In unserem Körper leben zwei Millionen Jahre Menschheit (ganz zu schweigen von den Amöben und den Affen). Kleidung, Behausung, Mimik, Gesten wurden uns von sechstausend Jahren Gesellschaft beigebracht. Wenn der Einzelne über sich verfügen will, meint er: Sein Bewusstsein soll über seinen Körper verfügen. Aber lenkt nicht in Wahrheit der zwei Jahrmillionen starke Körper die sich frei wähnenden Schnellbeschlüsse des Bewusstseins? Gehört unser Körper uns mehr, als wir unserem Körper gehören? Der Entscheidungsmoment des Selbstmords rühmt sich, ein Modell der Autonomie zu sein: Aufstand des freien, geistigen Augenblicks gegen die träge Übermacht jener Jahrmillionen in uns selbst, die sich umsetzt in ein quälend langes, langsames Sterben. Freitod des hoffnungslos Verliebten oder des gelähmten Greises, Euthanasiewunsch des körperlich oder seelisch Todkranken – sie alle sind Beschleunigungen: Revolten der Dezision des Geistes gegen das Beharrenwollen des Leibes, gegen die Langsamkeit der Natur.

Wie sich das Leben am Bewusstsein rächt, die Langsamkeit an der Dezision, sollen zwei grässliche Geschichten zeigen, die vom misslungenen Freitod erzählen. Nicht zufällig mussten zwei der geistigsten, im Wortsinn geistreichsten Menschen des neueren Abendlands sie erleiden: Chamfort und Nietzsche. Der Aphoristiker Chamfort wurde von Nietzsche als »reich an Tiefen und Hintergründen der Seele, düster, leidend, glühend« geehrt und als »der witzigste aller Moralisten«. Von diesem stammt die Sentenz, die die Losung aller über sich selbst aufgeklärten Aufklärung sein könnte: »Um der Vernunft die Verheerungen zu verzeihen, die sie verursacht, muss man sich nur vorstellen, was der Mensch ohne Vernunft wäre. Sie ist ein notwendiges Übel.« Im Namen der Vernunft hat Chamfort die Französische Revolution begrüßt und als Freund und Berater Mirabeaus nach Kräften vorangebracht. Er erfand den Satz, den Georg Büchner zum Motto des »Hessischen Landboten« wählte: »Friede den Hütten, Krieg den Palästen!« Als aber die Revolution in blutigen Massenwahn mündete, antwortete er auf ihren Spruch »Fraternité ou la mort«, der an allen Häuserwänden von Paris stand: »›Brüderlichkeit oder der Tod‹, das besagt: Werde mein Bruder oder ich schlag dich tot. Brüderlichkeit heißt für sie Kain und Abel.«

Chamfort wurde nach Beginn der Schreckensherrschaft im Juli 1793 verhaftet, nach einigen Tagen aber entlassen unter der Bewachung eines Gendarmen, der Tag und Nacht bei ihm wohnte. Am 10. September, drei Tage nach Erlass des Terrorgesetzes zur »Verfolgung der Verdächtigen«, verriet ihm der Gendarm, dass er wieder verhaftet werden sollte. Er ging in sein Schlafzimmer und erschoss sich: als Nein gegen seine Erniedrigung und die Erniedrigung so vieler anderer. Die Kugel traf ein Auge, das ausfloss, aber er lebte. Er ergriff ein Rasiermesser, um sich die Halsader, als das nicht gelang, den Puls aufzuschneiden, aber überall an ihm hingen nur blutige Fleischklumpen. Er wurde gerettet, das heißt, er lebte noch fast sieben Monate unter grauenhaften Qualen. Zehn Wochen nach seinem Tod ging die Schreckensherrschaft zu Ende. Chamfort ersann für sich den brillanten Nachruf, »Unfrei gelebt, doch frei gestorben«. Aber der Geistes-Blitz siegt über die Lebensmasse, die Dezision über das breite, träge, beschämende Sosein der Welt – nur im Aphorismus.

Nietzsche nannte sich den »ersten unter Deutschen«, der »im Aphorismus Meister« sei; und nannte, in einem Aphorismus, den Freitod den »Sieg der Vernunft«. Er schmähte mit fünfunddreißig Jahren »die Sucht, sich mit ängstlicher Beratung von Ärzten und peinlichster Lebensart von Tag zu Tage fortzufristen«. Später ließ er Zarathustra fordern: »Stirb zur rechten Zeit!« »Meinen Tod lobe ich euch, den freien Tod, der mir kommt, weil ich will.« Aber schon jene frühe Sieg-Stelle in »Menschliches, Allzumenschliches« sagt Nietzsches unausdenkbar erniedrigendes Scheitern voraus: den Sieg der Natur über die Vernunft. »Der natürliche Tod ist der von aller Vernunft unabhängige, der eigentlich unvernünftige Tod, bei dem die erbärmliche Schale darüber bestimmt, wie lange der Kern bestehen soll oder nicht: bei dem also der verkommende, oft kranke und stumpfsinnige Gefängniswärter der Herr ist, der den Punkt bezeichnet, wo sein vornehmer Gefangener sterben soll.« Ebenso kam es, dem Autor zum bösesten Hohn.

Auf den verrückt-seligen Triumph seiner letzten Schaffenstage – »nachdem der alte Gott abgedankt ist, werde ich von nun an die Welt regieren« – folgten zehn endlose Jahre Verblödung. Der Theologieprofessor Overbeck hatte ihn nach dem Zusammenbruch in Turin abgeholt, »ihn oder vielmehr einen nur dem Freund kenntlichen Trümmerhaufen«. Dabei erlebte Overbeck einen »in ganz einziger Weise fürchterlichen Moment«: nämlich den letzten, in dem Nietzsche einer Entscheidung fähig gewesen wäre. Er »stürzt auf mich zu, umarmt mich heftig mich erkennend und bricht in einen Tränenstrom aus, sinkt dann in Zuckungen aufs Sofa zurück. Hat ihm sich in diesem Augenblick der Abgrund aufgetan, an dem er steht oder in den er vielmehr gestürzt ist? Jedenfalls hat sich nichts der Art wiederholt.« In Basel angelangt, musste Overbeck ihn »dem hiesigen Irrenspital übergeben«, nach zehn Tagen ihm in die Kutsche helfen, die ihn ins Irrenhaus von Jena brachte. »N. hat nicht einmal mehr den Hass gegen mich fassen können für die Freiheitsberaubung«, sondern bedankte sich stumpf und artig.

Der »Freiheitsheld« – »er denkt gar nicht mehr an die Freiheit«. Verzweifelt, empört über den Selbstverlust, bekennt sich der Theologe zu dem, was heute Euthanasie heißt: »Ein weit echterer Freundschaftsdienst als den Armen dem Irrenhause zuzuführen wäre gewesen, ihm das Leben zu nehmen.« Fortan war der mutigste Denker und Stilist entweder, wie die Mutter sagt, »lieb«, »ganz vergnügt«, oder er tobte in Wutanfällen. »Eine totale Ruine, summarisch tot«, so einer seiner Ärzte. Um den Tod betteln konnte er nicht mehr. – Nichts macht uns hilflos entsetzter als Geschichten vom missratenen Selbstmord. Ihr Urbild ist Plutarchs Bericht, voll peinigend schäbiger Details, vom Ende des Antonius. Schon dessen Entschluss, sich umzubringen, entsprang einer dumm gefälschten Nachricht. Nun schaffte es der Weltenherrscher und Schlachtengott nicht mehr, einen einzigen Wehrlosen, sich selbst, abzuschlachten. Mit offenen Eingeweiden schleppte er sich zum verrammelten Grabturm Cleopatras, die ihn verraten hatte; in seinem Blute zappelnd wurde er an drei Stricken zu ihr hochgezerrt. Er verendete, darin glücklich, zu ihren Füßen.

Der missratene Selbstmord verkommt zur Groteske. Der seinen eigenen Tod haben will, wird vom Leben wüst verspottet. Der extreme Versuch, Menschenwürde zu retten, schlägt um in die extreme Entwürdigung: Entwürdigung *in extremis*.

6.

Der schmachvolle Tod ist Gottes Strafe, sprechen die Gläubigen. Das stumpfe oder gefolterte Überleben seiner selbst ist ein Ruf nach Sterbehilfe, sprechen die Moralisten. Beide wollen eine klare Schneise schlagen in den Wald jetziger Paragrafen. Den Gläubigen – auf Augustins Spuren – ist es schon zu viel, dass Selbstmord und die duldende Hilfe dazu straffrei bleiben. Sterbenlassen des Sterbenwollenden, erst recht ärztliches Mittun dabei, nennen sie: den ersten Schritt des Heilenden zum Mörder. Den Moralisten wiederum – auf Senecas Spuren – ist es zu wenig, dass das Einstellen der Behandlung oder die Gabe lebensverkürzender Schmerzmittel (bei entschiedenem Wunsch des Patienten) gerade noch erlaubt sind. Sie fordern unbegrenzte Selbstbestimmung und nennen das Mitwirken bei ihrer Verwirklichung: eine Tat der Humanität. – Ich zweifle, ob der Schrecken des qualvollen Endes, ja der größere Greuel eines gewollten Endes, das missrät, sich je von strengen oder milden Gesetzestexten wird regulieren lassen. Doch die Todesangst als Hebel dogmatischer Lager-Polemik zu missbrauchen, den Leidenden mit Agitation zu belagern, ist ohne jeden Zweifel abscheulich.

Auf das Christentum und seine Ehrfurcht vor dem Leben berufen sich fast alle Gegner der aktiven Sterbehilfe. Ihr Argument ist zwiespältig wie das Christentum – in das alle sture Grausamkeit und alle standhafte Güte von zwei Jahrtausenden einflossen. Zur Grausamkeit: Die Qualen der Agonie galten lange als die nützlichste Schule für Buß' und Reu', für die Bekehrung auf dem Sterbebett. Zur Güte: Letzte Tröstung, nicht Drohung, wurde von weisen Priestern den Sterbenden gebracht. Was dennoch zur Skepsis gegen jene »christliche Ehrfurcht vorm Leben« zwingt: Die heftigsten Gegner der Euthanasie sind die glühendsten Anhänger der Todesstrafe. In Ländern mit christlichem Fundamentalismus exhibiert sich das unverhüllt: Justizminister Ashcroft bekämpft zugleich die liberalen Gesetze zur Sterbehilfe im Staat Oregon – und die Einstellung der Hinrichtungen im Staat Illinois. Ab 1994 amtierten zwei Brüder namens Bush als Gouverneure in Texas und Florida: Die beiden Staaten wurden führend an Hinrichtungen, durch Giftspritze oder elektrischen Stuhl. Jüngst peitschte Jeb Bush ein Sondergesetz durch, um die künstliche Ernährung einer Frau, bewusstlos seit vierzehn Jahren, fortzusetzen.

Mitten in wüster Tagespolemik müssen wir die Praktiker beider Seiten befragen. Warum argumentieren die Verfolger des Selbstmords, die sich zu Fürsprechern der Palliativmedizin modernisiert haben, so einsichtslos, als seien sie im Doppelberuf als Verkaufschefs der Christlichen Hospize und als »Opus Dei«-nahe Staatsanwälte tätig?

Warum verschließen sie ihre Ohren dem Todkranken, der trotz der guten, notwendigen Linderung seiner Schmerzen »Ich habe genug« sagt – und für seine Entscheidung ethische Achtung und ärztliche Hilfe verlangt? Die Gegenfrage: Warum ignorieren die Vorkämpfer aktiver Sterbehilfe die Gefahr, dass freie Selbstbestimmung sich verkehren könnte in utilitäre Fremdbestimmung: durch überarbeitete Ärzte, geizige Verwandte und durch diese unsere Gesellschaft, die von Jahr zu Jahr hilfsmüder wird? Warum verschweigen viele, dass es ihnen für die Zukunft nicht nur um die sogenannte Erlösung von Todkranken, sondern um Erleichterung des Freitods für alle, die ihn wollen, geht? – Findet man im Streit der Parteien noch einen Konsens des Mitleids? Ein Mindestmaß an Menschlichkeit kann, muss vereinbart werden: Palliativmedizin und aktive Sterbehilfe müssen, statt einander zu verleumden, sich barmherzig ergänzen.

7.
Ein letztes Mal: Wem gehört der Mensch? Der Blick der beiden konträren Freitod-Arten auf einander könnte uns helfen, das Rätsel gerechter anzugehen. Vom Kollektiv des Glaubens, vom Glauben des Stammes her betrachtet: Es scheint eine Perversion des bürgerlich-kapitalistischen Zeitalters, den Körper als Privateigentum anzusehen. In einer Gesellschaft, in der Privatbesitz das einzig Heilige ist, darf dem Inhaber weder vorgeschrieben noch verboten werden, was er mit seinem Eigentum anfängt. Das Ergebnis: Selbstvergötzung als Selbstausbeutung, repressive Anarchie. – Aber schlimmer (so findet der Gegenblick) sei das Gegenteil davon. Nicht nur von bin Laden, auch von Hitler sei der Einzelne verachtet, hingemordet

worden. Sterben für Glauben und Volk tauge also schlecht zum Schlachtruf im »Kampf der Kulturen«. Gewiss: Menschenrechte auf das Leben und Sterben sind nur Rechte des Einzelnen – doch aller Einzelnen. Die Würde des Einen, die die Würde der Anderen mitmeint: sie, nicht global-private Besitzanbetung, sei Europas wahre Erfindung.

Keine Würde aber (so wieder der Verfechter der Selbstopferung) sei ohne Kollektiv zu denken. Römische *dignitas* (höhnt er) sei bis auf Senecas Dekadenzzeit immer die Ehre eines Standes gewesen. Ob *dignitas equestris* oder *dignitas regia*: der Ritter wie der König hatten ihre Würde; von der Würde eines Sklaven war nirgends die Rede. Ja, der Sklave, bei dessen Verkauf sein Altbesitzer dem neuen Herrn verschwieg, dass jener schon einen Selbstmordversuch hinter sich hatte, konnte sechs Monate lang für den vollen Preis zurückgegeben werden. Was bleibt von der Würde des Einzelnen in Europa? Cato erstach sich nicht für sich, sondern für die Republik, Roland starb für seinen König Charlemagne und ein christliches Spanien, Winkelried für die Eidgenossen. Dem Freien steht Freitod zu, bei Sempach oder in Haifa (so der Märtyrer/Verbrecher), wenn er für Befreiung kämpft. – Nicht aber (ruft der Bürger), wenn den Scheinfreien seine geistlich-politischen Herren und Gebieter für eine Wahnidee in einen Wahnakt hetzen.

Den Streit werden wir hier nicht entscheiden. So viel lernen wir aber: Die alte augustinische Verleumdung des Freitods, ob es um den Attentäter oder den Ruheflehenden geht, bringt uns nur Dummheit und Schaden. Mit

Recht entsetzten sich Denkende am 11. September 2001, als Amerikas höchster Amtsträger jene Mörder/Märtyrer »Feiglinge« nannte. Ihren rasenden Mut gälte es zu verstehen, wenn wir unser Zusammenleben vor ihnen schützen wollen: verstehen, wieso die beiden konträren Legitimierungen des Selbstmords – Begeisterung und Vernunft – sich derart verfeinden, dass der Enthusiasmus (von Riad bis Bali) sich zum paranoiden Vernichtungsirrsinn steigert. – Die Lüge von der Feigheit des Feindes hingegen musste, wir erfahren es Tag für Tag, den Lügner nicht nur zu enthemmter Rechthaberei, sondern auch zur falschen Politik verführen. Nicht der Ketzerverfluchung, sondern der Realpolitik Augustins könnte Washington (mit erlaubtem Zynismus) eine nützliche Lehre entnehmen. Die Welle von Selbstmordmut und -wut war einst nur aufzuhalten vom Bund zwischen Staat und Religion. Das hieße heute zuvörderst: Schaffung eines islamischen Palästinenserstaates. Staaten mögen keine Terroristen.

Feig nennen übrigens Pastoren und Professoren auch die Patienten (= die Leidenden), die der Qual oder Abstumpfung in ihren Tod zu entgehen wagen.

KRIEG IN DER KUNST – THESEN ZU DAVID UND GOYA

Für Erika und Klaus Hegewisch

Mosse Lecture an der Humboldt-Universität Berlin, gesprochen am 12. Februar 2004

Goya, »Und keine Rettung«, Blatt 15 der »Greuel des Krieges«; Kupferstich um 1810, 145 x 165 mm

David, »Der Schwur der Horatier«; Öl auf Leinwand 1784, 3,30 x 4,25 m

Die beiden großen Maler der europäischen Zeiten- und Geisteswende: ihre Lebensdaten decken sich. Goya wurde 1746 in Saragossa geboren, David 1748 in Paris. David starb 1825 in der Emigration in Brüssel; Goya 1828 in der Emigration in Bordeaux. Endspiel des Absolutismus, Französische Revolution, napoleonische Kriege, Sieg der Reaktion: David und Goya erlebten dieselben Ereignisse – oft von den entgegengesetzten Seiten.

Der Krieg hat beide beschäftigt: den einen mit seinem Ruhm, den anderen mit seinem Elend.

ZWEI PORTRÄTS

David hat gezeigt: den »Kampf zwischen Minerva und Mars«, »Venus rettet Diomedes aus der Schlacht«, »Die Totenfeier des Patroklos«, »Achill tötet Hektor«, »Alter und Armut des Feldherrn Belisar«, »Hektor auf dem Katafalk, beweint von Andromache«, »Opferschwur der Horatier«, »Paris und Helena im belagerten Troja«, »Brutus mit den Leichen seiner Söhne«, die drei Revolutionsmärtyrer »Le Pelletier«, »Marat«, »Barra«, »Die Sabinerinnen trennen die kampfbereiten Römer und Sabiner«, »Napoleon auf seinem Schlachtross«, »Napoleon empfängt den Treueeid seiner Armee«, »Leonidas und die Spartaner bei den Thermopylen«, »Zorn des Achill«, »Venus nimmt dem heimgekehrten Mars die Rüstung ab«.

Goya hat gezeigt: auf zwei Gemälden die Abschlachtung und die Hinrichtung seiner Landsleute am 2. und 3. Mai 1808; auf achtzig Kupferstichen 1810–20 den Mord an

Kindern, die Vergewaltigung der Frauen, den Hunger- und Typhustod im Bürgerkrieg.

*

David plakatiert voll Schau- und Zeigegier, von der frühen Jugend bis zum letzten Großgemälde mit 76 Jahren, die Götter und Heroen des Krieges: des Krieges, den er nie gesehen hat. Er sah nur Köpfungen auf dem Schafott, die er begrüßte.

Goya notiert »Die Greuel des Krieges« für gedruckte Blätter; aber er weiß, dass er sie nie veröffentlichen darf. »Das habe ich gesehen«, heißt ein Blatt: Mütter mit Säuglingen fliehend. Goya ist 64 Jahre alt. Er kann nicht mehr wegschauen.

*

Krieg als Fiktion – Krieg als Wirklichkeit: Viel spricht dafür, diese Alternative an das Werk Davids und Goyas zu binden. Ist das methodisch statthaft? Standen Fiktion und Wirklichkeit den beiden wirklich zur Wahl – wo doch »Wirklichkeit« erst von Goya erfunden wurde?

David bekannte eindrucksvoll: Als er in Rom die Gemälde Raffaels sah, fiel es ihm wie der graue Star von den Augen. Goya sah in der Verwüstung um ihn, was kein Maler vor ihm gesehen hatte. Er öffnete der Menschheit die Augen.

*

David war, in seinem Lebenslauf wie in seiner Kunst, ein unvergleichlich politischerer Maler als Goya. Er war der unvergleichlich ideologischere Maler. Er wusste sehr früh, wozu er malte; es war stets ein höherer Zweck. Da er Kriege malte, wusste er, zu welchem höheren Zweck es Kriege gibt. Das wusste Goya nicht. So entstanden die »Desastres«.

*

Man vergesse nicht: Neben Davids plötzlicher Größe wirkten um 1785 nicht nur die glatten Ballettposen eines van Loo oder die tränenseligen Melodramen eines Greuze – sondern sogar Fragonards schwindelerregender Zauber, Chardins meditative Versenkung irgendwie unbedeutend. Ein Riese war aufgetreten, und die Weltstadt Paris der einzige Ort, um das zu spüren, mit Ruhm zu quittieren. David wich den Entdeckungsfahrten der Sinne nicht zaghaft aus, sondern sagte schroff jede Reise nach Kythere ab: Er hatte eine Idee.

Die Große Malerei, auf die David zielte, konnte nur wiedererweckt werden im Besitz einer Großen Idee. Sie hieß: die Feindschaft zwischen bunter Vielfalt und strenger Einheit, zwischen Genuss und Botschaft, Alltag und Erhebung. Letztlich war Davids erhabene Botschaft nichts anderes als jene Einheit selbst: Einigkeit im Höheren von Ernst, Willen, Tugend. Davids Idee war: die Idee. »Der Horatierschwur«, »Der Tod des Sokrates«, »Das Sohnesopfer des Brutus«: sie machten ihren Kern unmissverständlich sichtbar – zunächst durch die Verkündung jedes Gemäldes an jeden Betrachter: Ich habe einen Kern.

Erfunden wird dafür eine neue, dezisive Malweise. Der »Idealität« des darzustellenden Gegenstands entspricht die »Begrifflichkeit« aller dargestellten Gegenstände. Sie benennen sich wie zeitlos für alle Zeiten: »Ich bin der Helm; ich bin die Toga.« Verworfen wird damit die Suggestion von Watteaus, Fragonards protoimpressionistischem Pinselstrich: »So sehe ich, im betörenden Augenblick, *diesen* Kopfschmuck, *dieses* Kleid.« Vielleicht tut ein Name wie »Kopfschmuck«, »Kleid« dem flüchtig Aufscheinenden schon Gewalt an. Jedenfalls zögert Davids Malkunst des szenischen Stillstands keinen Augenblick, dem Augenblick Gewalt anzutun: Ideenkunst ist für die Ewigkeit.

Man könnte auch sagen: David schickt gegen den flüchtigen Augenblick den erstarrten Augenblick in den Kampf – gegen die Erscheinung die Bedeutung.

*

Schon gegen Davids erste, unzweifelhafte Meisterwerke sind alle Zweifel geboten, die der Französischen Revolution, die sie vorausnehmen, im ernüchterten Urteil gelten. Zwar fehlt dem dozierkalten Weisheitstableau des »Tod des Sokrates« von 1787 noch manche Inspiration für jene agitationsheiße Opfershow des »Tod des Marat« von 1793, die das Verenden im Parteienstreit zum Martyrium für das Eine, Gemeinsame, Höhere emporstilisieren wird. Anders der »Horatierschwur« von 1784. Er enthält schon das ganze hinreißend-monumentale Fälschungskonzept des »Ballhausschwurs« 1791–94: Der Zusammenstoß von Gegensätzen wird als *die* Einigungstat ausgegeben.

Im Formalen der »Horatier« wird, nicht anders als im Ideologischen, die Zerrissenheit zwischen der Männer- und der Frauengruppe (Opferwille gegen Schmerz), die

Polarität in der Männergruppe selbst (Altersbefehl zum Sterben gegen Jugendkraft zum Leben) umgedeutet in das Prinzip des Zusammenhalts, wörtlich: der Komposition. Davids »Meisterwerke« sind im alt-neuen Verstande: »Kompositionen« – von einer Entschiedenheit, wie Frankreichs Malerei sie seit Poussin nicht mehr gekannt hat. (Nicht zufällig sind *chef d'œuvre* wie *composition* Vokabeln und Postulate des Klassisch-Altbewährten.) Davids Genie ist: Er zwingt die Kunst, wieder aufzuerstehen – während die »Kunst« (Hegel weiß das, ohne Goya zu ahnen) vom fortgeschrittenen Bewusstsein bereits überholt wird.

*

David erneuert die Komposition genau in dem Augenblick, da Goya sie abschafft – indem er sie, für jedes bedruckte Papierblatt, achtzigmal anders und vorbildlos erfindet.

*

Goyas Erkenntnischance wurde durch seinen Zwiespalt verschärft: Einerseits Bürger seines Landes Spanien, andererseits Gesinnungsfreund der französisch erleuchteten Aufklärer um Jovellanos, musste er unter den Verbrechen der Napoleonischen Besatzung doppelt leiden. Seine exemplarische Qual und privilegierte Einsicht hat Malraux mit denen eines tschechischen Kommunisten beim Einmarsch der Sowjettruppen 1968 verglichen. Wir hören die Stimme des Erschütterten, Enttäuschten: »So ist es also.«

Goyas Größe erweist sich darin, dass er sein »So ist es« ganz ohne Selbstmitleid oder selbstquälerische Genugtuung spricht. Deshalb wächst dieser Satz zum Grund-Satz seines Realismus.

*

Dass David den Ruhm des Krieges auf Leinwand mit Ölfarben darstellte, war stimmig und sinnvoll. Der Ruhm verlangt nach dem Monument; das Ölbild ist, wie jedes Monument, dauerhaft und einzig. Der »Ballhausschwur« (6 x 10 m), laut David »das größte Gemälde, das man bis dahin erdacht hatte«, sollte die Hauptwand des Sitzungssaals der Nationalversammlung schmücken. Napoleon wollte dann für seine vier geplanten Krönungsbilder (je 6,3 x 9,8 m) eine eigene Galerie bauen lassen. Das Monument, das von Größe zeugt, will für sich: Größe der Maße und viele gleichzeitige Bewunderer. Es schließt Privatbesitz an ihm aus. Es gehört der Nation und ihrem Herrscher.

Dass Goya das Elend des Krieges mit Druckfarbe auf etwa 15 cm hohe, 20 cm breite Papierblätter brachte, war unsinnig oder utopisch. Druckgrafik meinte damals keine limitierten, signierten Auflagen, sondern volkstümliche Verbreitung – von den »Desastres« aber zog Goya nur zwei oder drei Privatexemplare ab. Angeschaut werden wollte Druckgrafik nicht von einer begeisterten Menge, sondern von vielen einzelnen Besitzern/Betrachtern. Wo waren sie? Welche geduldigen und empörten »Leser« in welcher wissens- und mitleidbereiten Zukunft hat sich Goya erhofft, als er jahraus, jahrein an seinen »Greuel«-Kupfern kratzte, stach, ätzte?

*

Das einzelne Werk will groß sein. Trotzdem haben Zyklen manchmal, von Giotto über Piero bis Michelangelo, eine Größe, die jedes Einzelbild übertrifft. Goya schuf vier gestochene Zyklen – alles Kleinformate.

Freilich könnte man auch Davids Gesamtwerk als einen einzigen Zyklus verstehen. Dessen Titel wäre dann wohl, frei nach Callot: »Les bonheurs de la guerre«.

*

Davids Klassizismus riss die Sinnlichkeit aus seinem Herzen, falls er eines hatte. Goethe (mit den fast gleichen Lebensdaten 1749–1832) wurde in seinen klassizistischen Jahren vor solchem Pflichtakt gerettet: von seiner Liebe zur Sprache, die eine glückliche, erwiderte Liebe war.

David wollte die Sprache der Malerei – außer in einem Dutzend Frauenporträts – niemals liebenswert, sondern erhaben haben. Erhabenheit verlangt Opfer. Was für eine Verwundung, die Sinnlichkeit aus sich auszureißen. Pflaster auf dieser Wunde sind die Befriedigungen des Heroismus. (Kastriert sich der Held zur höchsten Männlichkeit?)

*

Die drei Schwerter in den Händen des Horatier-Vaters sind das Zentrum des Gemäldes. Die drei Gewehrläufe des Blattes »Y no hai remedio« ragen von außen in das Bild herein. Ein Ungeheueres, bis dahin Undenkbares in der Kunst: Die Handelnden des Bildes stehen, uns und dem Opfer gleich unsichtbar, außerhalb des Bildes.

Zentral also, im wörtlichsten Sinn, wird im Streitdialog der beiden Bilder die Frage: Ist das Wesen des Krieges heroische Autonomie oder mörderische Fremdbestimmung? Anders gefragt: Wer macht den Krieg?

»DER SCHWUR DER HORATIER« – »UND KEINE RETTUNG«

Eine parallele Deutung

Meurs ou tue.
(Corneille, Le Cid)

ZWEI HANDLUNGEN. – David erzählt in den »Horatiern«: Es waren einmal zwei starke Städte, Rom und Alba, sie kämpften um die Herrschaft über Italien. Aber ihr Kampf war kein Zwei-Staaten-Krieg, sondern ein Bürgerkrieg. Denn Römer und Albaner waren (so Dante, ein großer Experte des Bürgerkriegs) »zwei Völker aus demselben trojanischen Stamm«, welche miteinander Staatsgötter und Staatswappen teilten; gerade als Brudervölker mussten sie tödlich um den gemeinsamen Boden, um die gemeinsamen Schutzgötter streiten. So drohte beiden Völkern der Untergang. Um ihn zu vermeiden, wurden auf beiden Seiten je drei junge, heldenmütige Brüder gewählt: Ihr Gruppenkampf bis zum Tod sollte den Städtekampf entscheiden.

Die drei römischen Horatier und die drei albanischen Curiatier waren also: Repräsentanten der beiden Bruderstaaten. Doch waren sie überdies – auf Davids Gemälde wie schon in Corneilles Tragödie – doppelt miteinander verschwägert: Der Erste Horatier hatte die Schwester der drei Curiatier-Brüder zur Frau; die Schwester der drei Horatier-Brüder war mit dem Ersten Curiatier verlobt. So wurden die beiden Brüdertrios auch untereinander zu »Brüdern«: leibhaften Allegorien des Bruderkriegs, Bürgerkriegs. Der Betrachter von Davids Bild wusste von Livius, Corneille, dass in dem Kampf fünf der sechs Junghelden sterben werden. Der einzige Überlebende, der Erste Horatier, gewinnt ihn für Rom. Da seine Schwester den Tod ihres Verlobten nicht feiert, sondern mit Tränen und Flüchen beklagt, erschlägt er sie als Verräterin an Rom.

Dies alles erzählt David in dem Augenblick, da der Horatier-Vater, Vertreter der römischen Kampf- und Selbstopferungsethik – Verkörperung Roms selbst –, den Söhnen jenen Schwur abnimmt: das Gelübde, zu siegen oder zu sterben. »Erzählt« ist das falsche Wort. David drängt die gesamte Erzählung für unser Gehirn und Auge zusammen zu einem einzigen, nicht epischen, sondern dramatischen Augenblick. Dieses präsentisch dargestellte, szenische »Tableau« bewirkt kraft Davids ideologischer Suggestion und künstlerischer Großtat: die Gleichsetzung (oder taschenspielerische Vertauschung) des mörderischen Staatenkriegs mit dem ruhmwürdigen Bürgerkrieg – den das aufgeklärte Frankreich seit etwa 1770 erwartet.

Goya erzählt in »Und keine Rettung« viel weniger: Zwei Aufständische wurden verhaftet. Aufständische hält man nicht gefangen. Im Bürgerkrieg werden alle Gefangenen getötet. Alle.

ZWEI ORTE. – Man stelle sich nur vor: Auf Davids Bild würde der Schwur der Horatier (wie bei Goya die Erschießung) noch zweimal hintereinander in der Tiefe, in immer stärkerer Verkleinerung, wiederholt. Würde das bedeuten: Eine ganze Nation schwört, »Der Sieg oder der Tod!«? Nein. Es würde nur bedeuten: Der Maler David ist verrückt geworden. Er hat ein absurdes, schlechtes Historienbild gemalt.

Davids Bild handelt von den vier Helden des Bürgerkriegs. Goyas Bild handelt von allen Gefangenen des Bürgerkriegs. Davids Bild spielt auf einer tragischen Bühne. Goyas Bild geschieht an einem realen Ort und überall.

Nochmals, genauer: Davids große Gemälde inszenieren sich sämtlich auf einer einzigen, rechteckig-perspektivischen Bühne, mit wechselndem Bühnenbild. Goyas Kupferstiche zeigen achtzig verschiedene Tatorte: kahle Felder, verseuchte Städte, entleerte Trümmer. Die grausamsten Morde geschehen dennoch in Wüsteneien, die einander ähnlich sind: verkrümmter Horizont über gedunsenem Boden. Dieser Ort ist zugleich ein Hügel der Extremadura und das verfluchte Erdenrund.

ZU DEN »HORATIERN«. – Das Hauptmoment des Heroischen heißt: Opfer. Man bringt sich einem Höheren als Opfer dar. Man eint sich in diesem Höheren: Der Blick des Vaters, die Schwerter in seiner Hand weisen ideenhimmelwärts. Kompositorisch heißt das: Das horizontale Gegeneinanderstehen von Vater und Brüdern, eine Kampfsituation in erstarrten Fechterposen, wird zugleich gestaut und abgeleitet im Vertikalsog zum Höheren. Das Hehre der vorausgenommenen Opfertat härtet das gesamte Gemälde: Sein Sujet löscht das Nur-Lebendige als Nebensache aus, seine Objekte verfestigen sich zu ihren eigenen platonischen Ideen, abstreifend ihre vergängliche Sinnenpräsenz.

Agens, irdischer Sitz des Höheren ist: der Vater. Der Vater tötet mit dem Schwur seine Söhne; und da es klar ist, dass er dabei leidet, gehört ihm nicht nur unsere Bewunderung, sondern auch unser Mitleid. Davids Kunst ist nicht allein ein malerisches, sondern auch ein literarisches Ereignis: Die Neue Tragödie verdrängt hier das Bürgerliche Trauerspiel. Die Gattung der Bewunderung vertreibt die Gattung des Mitleids. Die Logik der Neuen Tragödie, die sich bald in den Hekatomben der Revolution verwirklichen wird, sagt: Wer sich zum Opfer erklärt, darf die anderen opfern.

Die Söhne werden von den Frauen beweint. In den »Horatiern« vertreten die Frauen die überholte Ästhetik der *comédie larmoyante*, des *drame bourgeois*. Das »Brutus«-Gemälde vier Jahre später, im Revolutionsjahr 1789, macht sie vollends zu Reaktionärinnen: Die Tischdecke, auf der ihre Handarbeit ruht, ist mit Bourbonenlilien bestickt. – Ein Mann weint nicht: also leidet er mehr. Er beschlagnahmt alle Reserven unseres Mitleids, die wir für seine Söhne, für deren Mutter und Frauen übrig hätten. Dies ist der tiefe Mechanismus, das Abscheulichste des Bürgerkriegs: das Mitleid, das auch dem Feind gebührt, wird enteignet. Robespierre: »Erbarmen mit den Royalisten ist Verbrechen.«

Wird von Opferung geredet, muss auch vom Selbstmord geredet werden. Den Krieg als heroisches Opfer und Selbstopfer kopiert und begleitet ein Scheinheroismus: der Selbstmord als Erpressung. Das Kind, das mit Selbstmord droht, will sich Liebe erpressen; der Politiker, der mit Selbstmord droht, erpresst sich diktatorische Allmacht. Angedrohter Selbstmord wird zum Opferausweis, also zum Unschuldsbeweis, also zum Rechtsbeweis gegen alle Feinde. Marat im Konvent drückt sich eine Pistole an die Schläfe: »Ich töte mich, wenn ihr mich anklagt.« Der Malstudent David sperrt sich ohne Nahrung in sein Zimmer ein, da er den Rom-Preis nicht bekommen hat; er lässt sich retten und bekommt den Preis im übernächsten Jahr.

David gehört von September 1793 bis Juli 1794 zum Ausschuss für Allgemeine Sicherheit. Er unterschreibt viele Verhaftungsbefehle, Urkunden für den sicheren Tod. Als Robespierre am Tag vor seinem Sturz im Konvent ruft: »Ich trinke den Schierling!«, ertönt von seinem Gefolgsmann Jacques-Louis David der Zwischenruf: »Ich werde den Schierling mit dir nehmen!« Am nächsten Tag, da Robespierre fällt, bleibt David zuhause und rettet damit vielleicht sein Leben. Bald unter Anklage gestellt, präsentiert er die Rechnung seines Apothekers zur Entlastung: Er war am 9. Thermidor gezwungen, wegen andauernder Magenschmerzen ein Brechmittel zu nehmen.

David musste als Abgeordneter, der für die Hinrichtung des Königs gestimmt hatte, und als Mitglied eines der beiden Großen Ausschüsse der Schreckensherrschaft 1815 nach Brüssel emigrieren. Eine Rückkehr nach Frankreich lehnte er auch später ab. Im Tiefsten seines Opferstolzes blieb er wohl bis zum Tod Idealist und Jakobiner. – »Der Horatierschwur« war 1784 vom König bestellt und bezahlt worden. 1791 holte ihn David unter dem Vorwand zurück, Kopien davon zu malen. Er ließ ihn in seinem Atelier für Eintrittsgeld besichtigen. 1803 zwang ihn der Staat, das als Nationalschatz verehrte Bild wieder herauszugeben. Es wurde (als eines von nur zwei Gemälden lebender Maler) im Luxembourg-Palais ausgestellt, nach Davids Tod 1825 sofort in den Louvre übernommen.

ZU »UND KEINE RETTUNG«. – Goya verwirft die Theatralität der Malerei im Doppelsinn: Er schafft die Bühne und den Helden ab. Komposition meint Hierarchie, Hierarchie meint Heldentum. Es gab sie nur zusammen; zusammen werden sie weggeräumt. – Der Sieger in Goyas Kriegszyklus ist entpersönlicht (auf diesem Blatt: Gewehre aus dem »Off«) oder bestialisch (auf anderen Blättern: Verstümmelungen, Folter). Das Opfer erscheint bäuerlich roh und täppisch, abstoßend angstgewürgt. Auf diesem Blatt verliert er Auge und Gesicht. Würde hat er nicht, weil er schön, stark und mutig ist – sondern weil er das alles nicht ist. Er ist »Mensch«: zur Kreatur entblößt, als Nichts-als-Mensch auf sich zurückgeworfen.

Goya war niemals Opfer. Er war und blieb Erster Hofmaler bei wechselnden Königen: bei dem Schwächling Carlos und der Intrigantin María Luisa, beim fremden Besatzer Joseph Bonaparte, beim brutal-reaktionären Unterdrücker Ferdinand. Er demonstrierte weder Regimetreue noch Widerstand. Doch fünf Jahre lang holte er sein

Jahresgehalt aus der Staatskasse Joseph Bonapartes nicht ab; das war die Zeit der »Desastres«. Und mit 78 Jahren hatte er die Nase voll von der Klerikaltyrannei in seiner restaurierten Heimat. Ein kranker alter Mann, emigrierte er, ohne Zwang, nach Frankreich. Er schuf dort noch einige Geniewerke in der neuesten Technik Lithografie; er starb im fremden Bordeaux vier Jahre später.

Die »Desastres de la guerra« wurden 1863, fünfunddreißig Jahre nach Goyas Tod, zum erstenmal veröffentlicht.

ÜBER DIE HISTORIENMALEREI. – David wird schon als Malschüler mit der überlieferten, unangreifbaren Hierarchie der Gattungen konfrontiert. Zuoberst steht selbstverständlich die »Historie«; darunter – als »Genre« – das Porträt, die Szene aus dem Alltag, die Landschaft, das Stillleben, die Tiere. Die Académie ist die Festung der Historienmalerei; wer deren Maßstäben nicht genügt, wird zum Genremaler deklassiert. Mit dem Rokoko und dessen Verliebtsein ins Leben (und in dekorative Kleinformate) droht dieser Maßstab zu verkommen. Der Marquis d'Angiviller, königlicher Kunstkommissar von 1774 bis 1791, fordert Frankreichs Maler auf, wieder historisch-moralische Großgemälde zum Ruhm von Land und König zu malen – und belohnt sie dafür mit großzügigen Ankäufen.

David folgt den alten Maßstäben der Académie und den neuen von d'Angiviller von den Schularbeiten bis zu den Meisterwerken »Horatier«, »Sokrates«, »Brutus« – und verrät sowohl die Académie als auch den Kunstkommissar. Er lanciert, dass dieser seinen revolutionären »Brutus« aus dem »Salon« des Revolutionsjahres 1789 habe hinausintrigieren wollen; die Krise endet mit d'Angivillers Flucht in die Emigration. David setzt 1793 erst die Schließung, dann die Abschaffung der Académie durch. Doch ihre Kriterien wird er unverzagt weiter anwenden, ja, mit neuartiger Monumentalität rechtfertigen. Er fegt das Rokoko, das Genrebild, den Kleinrealismus (und deren Hang zur Nuance) von der Bühne der Malerei. Noch aus der Brüsseler Emigration wird er seinen fortschrittlichsten, also gefährdetsten Schüler Gros ermahnen: Er soll niemals von der einzig würdigen Malerei lassen: von der »Historie«.

Goya malt nach seinen Schülerjahren nur noch eine einzige Historie (außer wenigen, auftraggebundenen Altargemälden und Kirchenfresken). Was die Kunstgeschichte oft verdrängt: Goyas Kunst wächst aus der Genremalerei hervor; ja sie entsteht als Parteinahme für das Genrebild gegen das Historienbild. Er macht einen Bogen um jeglichen Klassizismus. Er verleugnet und verleumdet das Rokoko nicht, sondern verschärft dessen Neugier auf Reales zur Gründungstat der Moderne. Die Akademie, die auch er bekämpft, ist für ihn die Hochburg der Nachahmung längst toter Historienmaler. Goyas Lehrziel als Professor ist nicht die Nachäffung der Größe, sondern Befreiung des regellosen, freien Genies in der Individualität jedes Schülers. Das heißt: Er hat keine Schüler.

Goyas einziges reifes Historienbild aber zeigt »Herkules bei Omphale«: die Entheldung des Heldenhaftesten. Das Bild rückt, in einem Zeitsprung, näher an Daumiers

»Histoire ancienne«-Karikaturen als an die Mythologeme Mengs' (oder Davids). Die schlimmste Hierarchie des Menschengeschlechts, die von Mann und Frau, wird am männlichsten aller Männer verhöhnt.

ÜBER DEN BÜRGERKRIEG. – Mercier schreibt 1784, im Entstehungsjahr der »Horatier« (im Vorwort zu »La Destruction de la Ligue – Pièce nationale«): »Zwei bewaffnete Nationen fügen sich unheilbare Übel zu, und das Blut wird in nutzlosen Schlachten vergossen. Der Bürgerkrieg hingegen entspringt der Notwendigkeit und der strikten Gerechtigkeit, da es kein anderes Mittel mehr für das verletzte Vaterland gibt. Diesen Krieg will ich heilig nennen; er dient dem Heil des Gemeinwesens.«

David ließ sich von Schülern und Biografen preisen: für die Wiedererweckung der erhabenen Französischen Schule gegen die Verderbtheiten Bouchers und seiner unfähigeren Komplizen. Es galt: einen Krieg der Heroik gegen die Erotik, der Bürgertugend gegen das Höflingslaster zu führen. Davids Neue Tragödien auf der Gemälde-Bühne wirkten wie die Verse des »politischen Dichters« Corneille im verweichlichten Theater um 1775 (wieder laut Mercier): »als erschallte schmetternde Militärmusik in einem friedlichen Krankenhaus«.

David trug den Bürgerkrieg in die Malerei, bevor seine Gemälde den Bürgerkrieg in die Wirklichkeit tragen halfen. Die angreifende Partei in der realen, mörderisch spaltenden Revolution nennt sich schon während des Kampfes, nicht erst nach ihrem Sieg: »la nation une et indivisible«, die unspaltbare Volksgemeinschaft. Ebenso weiß sich die Französische Schule 1784–1814 als die Einheit großer, nationaler Malkunst – sobald sie nämlich ihre Verderber mit Davids Hilfe fortgejagt, ihr Gedächtnis ausgelöscht hat.

KUNST UND ETHIK. – David verherrlichte in den gewesenen Kriegen der Griechen und Römer immer schon den kommenden Bürgerkrieg der Franzosen. Goya klagte im spanischen Bürgerkrieg jeden gewesenen und kommenden Krieg an.

ETHIK UND KUNST. – Im Bürgerkrieg ist die eine Partei absolut im Recht, die andere absolut im Unrecht. Der Bürgerkrieg ist also der einzige moralische Krieg.

Im Bürgerkrieg hat keine der beiden Parteien Recht. Der Bürgerkrieg ist also der immer und jedesmal unmoralische Krieg.

David war der moralischste Maler der Kunstgeschichte, Goya der unmoralischste. Oder umgekehrt.

BÜCHER VON IVAN NAGEL

Autonomie und Gnade. Über Mozarts Opern (1985)

Gedankengänge als Lebensläufe. Versuche über das 18. Jahrhundert (1987)

Kortner Zadek Stein (1989)

Johann Heinrich Dannecker, Ariadne auf dem Panther. Zur Lage der Frau um 1800 (1993)

Liebe! Liebe! Liebe! ist die Seele des Genies. Vier Regisseure des Welttheaters: Bondy, Castorf, Sellars, Wilson. Mit Benjamin Henrichs (1996)

Der Künstler als Kuppler – Goyas nackte und bekleidete Maja (1997)

Streitschriften – Politik, Kulturpolitik, Theaterpolitik (2001)

Gesamtverzeichnis *Sachbuch*

Weitere Informationen: www.berlinverlag.de

Valerian I. Albanow
Im Reich des weißen Todes

Caroline Alexander
Die Endurance

Verena Auffermann
Das geöffnete Kleid

Tahar Ben Jelloun
Papa, was ist der Islam?

Peter L. Bergen
Heiliger Krieg Inc.

Harold Bloom
- *Shakespeare. Die Erfindung des Menschlichen. Bd. I*
- *Shakespeare. Die Erfindung des Menschlichen. Bd. II*

Mark Bowden
Killing Pablo

Anatole Broyard
Verrückt nach Kafka

Günter de Bruyn
- *Die Finckensteins*
- *Preußens Luise*

Roberto Casati
Die Entdeckung des Schattens

Frank Close
Luzifers Vermächtnis

James N. Davidson
Kurtisanen und Meeresfrüchte

Theodor Eschenburg
- *Also hören Sie mal zu*
- *Letzten Endes meine ich doch*

Mario Frank
Walter Ulbricht

Simon Garfield
Lila

Laurie Garrett
Das Ende der Gesundheit

Ruth Gay
Narrele, was lachst du?

Gerd Gigerenzer
Das Einmaleins der Skepsis

Michael Gleich / Dirk Maxeiner u.a.
Life Counts

Gabriel Gorodetsky
Die große Täuschung

Brian Greene
Das elegante Universum

Johannes Gross
Nachrichten aus der Berliner Republik 1995 – 1999

Leonard F. Guttridge
Die Geister von Kap Sabine

Birgit Haustedt
Die wilden Jahre in Berlin

Helga Hirsch
Ich habe keine Schuhe nicht

Geoffrey Hosking
Russland

Sarah Blaffer Hrdy
Mutter Natur

Kay Redfield Jamison
Wenn es dunkel wird

Christian Graf von Krockow
Kaiser Wilhelm II. und seine Zeit

Ragnar Kvam jr.
Im Schatten

David S. Landes
Wohlstand und Armut der Nationen

Hermann Lübbe
›Ich entschuldige mich‹

Michael Maar
Warum Nabokov Harry Potter gemocht hätte

Ivan Nagel
Das Falschwörterbuch

Hans-Joachim Neubauer
Einschluss

Charles Officer / Jake Page
Die Entdeckung der Arktis

Neil Postman
Die zweite Aufklärung

David Remnick
King of the World

Edward W. Said
Am falschen Ort

Hartwig Schultz
Schwarzer Schmetterling

Konrad Seitz
China

Richard Sennett
Respekt im Zeitalter der Ungleichheit

Wolf Jobst Siedler
Ein Leben wird besichtigt

Dava Sobel
Längengrad

Tom Standage
Die Akte Neptun

Eberhard Straub
Albert Ballin

Michael Thumann (Hg.)
Der Islam und der Westen

Judith Thurman
Colette

Matthias Wegner
Hanseaten

Jonathan Weiner
Zeit, Liebe, Erinnerung

Richard von Weizsäcker
- *Drei Mal Stunde Null?*
- *Vier Zeiten*

Kleine Weltgeschichte

Karen Armstrong
Kleine Geschichte des Islam

Paul Johnson
Die Renaissance

Hans Küng
Kleine Geschichte der katholischen Kirche

Mark Mazower
Der Balkan

Richard Pipes
Kommunismus

Eberhard Straub
Eine kleine Geschichte Preußens

Michael Stürmer
Das Deutsche Reich 1870 – 1919

Rober S. Wistrich
Hitler und der Holocaust

Gebrauchsanweisung für das 21. Jahrhundert

Christian Ankowitsch
Generation Emotion

Michael Braungart / William McDonough
Einfach intelligent produzieren

Dietmar Dath
Schöner rechnen

Thomas Fischermann
Next Economy

Bas Kast
Revolution im Kopf